UNE QUESTION DE TEMPS

©2010 par Diane O'Neill DesRochers

Première impression

Dans cette traduction les noms et prénoms de personnes ainsi que les noms de lieux n'ont pas été traduits et sont donc libellés dans leur orthographe originale. Cette histoire est de la fiction. Les noms, les caractères, les liens et les évènements sont le produit de l'imagination de l'auteur ou ont été utilisés de manière fictive. Toute ressemblance avec des personnes vivantes ou décédées, des événements ou des lieux est pure coincidence.

Imprimé aux États-Unis d'Amérique

ISBN: 978-0-9826168-5-7

UNE QUESTION DE TEMPS

PAR

DIANE O'NEILL DESROCHERS

Traduit de l'Anglais
par Rita et Laurent Cupani

Dédicace

Je remercie spécialement mes enfants Denise, Joe, Michele, Rachel et Steve dont les bouffonneries et les aventures m'ont poussée à écrire. Je remercie aussi ma cousine Marilyn, mes frères et soeurs et les nombreux et chers amis qui m'ont beaucoup encouragée. A Morningside Writers, Scripteasers, et spécialement World Weavers, un gros merci pour votre inestimable critique. Merci enfin à mon époux Joe qui m'a toujours motivée à donner le meilleur de moi-même. Un remerciement spécial à Rita et Laurent Cupani.

Chapitre 1

Halifax, Nouvelle Ecosse, Canada

6 Décembre, 1917

Vingt minutes avant neuf heures, Ted jeta un coup d'oeil à l'horloge qui dominait le port d'Halifax. *C'est étrange, l'horloge n'est jamais en avance.* Il écouta. Elle sonna trois fois et s'arrêta. Comme si c'était un avertissement, un frisson parcourut le dos de Ted. "Oh! C'est un conte de bonne femme," dit-il tout haut en refermant la porte de la boutique de réparation de bijoux, "on devra la réparer". Il continua sa routine habituelle mais avec un sentiment d'appréhension.

Son patron, Cyrus Young, était en dehors de la ville. "Je serai parti pour trois jours," avait-il dit à son apprenti âgé de dix-huit ans "et tu es responsable de la boutique."

Ted vérifia sa montre-bracelet—8:56. Il frissonna de nouveau. *Je suppose que je suis nerveux d'avoir la responsabilité de la boutique* pensa-t-il, et il retourna sur la vitre la pancarte FERMÉ du côté OUVERT, il actionna l'interrupteur, arracha une page du calendrier, remonta le store de la vitrine et épousseta le dessus des étalages. Ensuite, il redisposa plusieurs bracelets dans la vitrine et polit un anneau avant de le remettre dans sa boîte, exactement comme l'aurait fait Monsieur Young. Un client entra à ce moment-là.

"Bonjour, Monsieur Camden. Belle journée, n'est-ce pas?"

L'homme secoua la main tendue. "Absolument, Ted. Et comment allez-vous?"

"Je vais bien merci. Et vous et votre famille?" Monsieur Camden avait deux paires de jumeaux de moins de six ans qui donnaient beaucoup de travail à leurs parents. "Je vais très bien et les petits poussent comme de la mauvaise herbe. Je me suis juste arrêté pour prendre ma montre." Il sortit son ticket. "Et j'aimerais voir des boucles d'oreilles en diamant pour ma femme pour Noël."

Ted prit le papier. "Bien sûr. Tout de suite, monsieur. "Il se précipita dans l'établi à l'arrière de la boutique et chercha parmi les nombreuses enveloppes contenant des objets réparés. *Adams: remplacer le fermoir du bracelet. Brandywine: réparer la montre. Brown: changer la grandeur de la bague. Camden: réparer la montre.* "Oui la voilà!" Comme il sortait l'enveloppe du casier, il y eut soudain un éclair de lumière aveuglante puis un bruit assourdissant. L'impact projeta Ted à terre.

"Nom de Dieu, qu'est-ce que c'est...?" Il rampa sur les genoux tandis que le bâtiment craquait et tremblait et que les vitres se fracassaient autour de lui. Désorienté, le jeune homme se leva serrant encore l'enveloppe dans ses mains. Il se fit un passage jusqu'à la porte d'en avant où une grande armoire s'était renversée et des morceaux de verre étaient plantés comme des épées dans le mur opposé. Il appela son client mais n'eut pas de réponse. Trop lourd pour le déplacer,Ted enjamba le meuble et trouva Monsieur Camden gisant sur le sol, le sang jaillissant de son cou.

"Doux Jésus..." Ted s'arrêta de respirer. Il laissa tomber l'enveloppe contenant la montre et se rua vers l'homme. Se rappelant son cours de premiers soins, il pressa sa main sur la blessure, mais le sang continuait de gicler. Le liquide passait au travers de ses doigts, même en pressant avec les deux mains. Un frisson parcourut le corps du jeune apprenti. *Je dois prendre...mais, si j'enlève mes mains, il pourrait mourir.* D'une main, Ted parvint à saisir un tissu sur le comptoir et il le pressa sur la blessure. En un instant, il devint rouge puis le saignement s'arrêta. Ted voulut prendre le pouls,mais il n'y en avait pas.

"Non!" cria-t-il. "Monsieur Camden, m'entendez-vous? Pour l'amour de Dieu, répondez-moi." La panique s'empara de Ted. "Vous ne pouvez pas mourir, Monsieur Camden, vous avez une famille." Ted sentit son propre pouls s'accélérer en réalisant que son client ne pouvait lui répondre.

Qu'est-ce que je fais maintenant? Étourdi, il ramassa la montre. Je dois la ranger. Il pourra la reprendre demain. Ted tenta de nettoyer ses mains, mais le tissu était trempé de sang. Il s'empara d'une autre guenille, essuya ses mains du mieux qu'il put et sortit en titubant, cherchant désespérément de l'aide. Sa tête tournait et il sentit ses jambes lourdes comme du plomb quand il essaya de mettre un pied devant l'autre, comme s'il était dans un autre monde.

L'atmosphère était saturée de bruits: des sirènes mugissaient, des gens hurlaient, des chiens aboyaient. Des tourbillons de poussière emportaient des cailloux et autres débris. Ted se débarrassa d'un morceau de papier venu se coller sur son visage. Un nuage de fumée noire envahit le ciel. Une énorme spirale semblait venir du port. Il se demanda pourquoi les immeubles de l'autre côté de la rue s'étaient éffondrés, et un mur de l'église St Joseph laissait voir l'autel et les bancs. Ses superbes vitraux avaient disparu, laissant à leurs places d'horribles trous. Sur la gauche, un autre immeuble ébranlé, les côtés déformés laissant voir l'intérieur. Ted pouvait voir l'escalier menant nulle part.

Il aperçut une femme étendue dans la rue et courut vers elle. La plupart de ses vêtements avaient été arrachés avec l'impact. De son manteau noir, il ne restait qu'une manche en lambeaux à son bras. Se penchant vers elle, Ted prit sa main pour trouver son pouls, mais elle n'était plus attachée à son corps. Il laissa aussitôt tomber la main et courut vers le caniveau où il rendit le contenu de son estomac. En essuyant sa bouche avec sa manche, il vit qu'il était couvert de suie noire. Il secoua ses manches sur les jambes de son pantalon, puis revint vers la femme étendue sur le ventre, le visage tourné sur le côté, ses cheveux noirs en désordre couverts de sang et de débris.

Ted ôta son manteau et couvrit la femme. Près du corps, il y avait une minuscule chaussure. Il se pencha pour la prendre. "Sainte Vierge! un bébé! où est-il? Je dois le trouver."

Il chercha en haut de la rue, puis en bas. *Où es-tu bébé?* Il se mit à quatre pattes sous la haie près du trottoir mais, quand il dégagea les gravats, il trouva seulement une roue de carosse.

"Je suis désolé, M'dame, je suis vraiment désolé. Je...je n'ai pas pu trouver votre enfant." Il posa la chaussure près de la main de la dame, puis leva vers le ciel ses yeux pleins de larmes comme pour prier, mais il fut frappé par une horrible vision. Des corps ou des morceaux de corps et des pièces de vêtements pendaient aux fils électriques. Certains étaient accrochés aux branches des arbres comme des marionnettes. D'autres étaient entassés sur la route. Plusieurs personnes titubaient au milieu de la rue complètement hébétées. Et il y avait des feux partout.

"Qu'est-ce que je fais?" Ted ne pouvait évaluer le désastre. C'était incompréhensible. Il se rua dans la boutique, enjamba le corps de Monsieur Camden et saisit le téléphone. "Allo l'opératrice allo!" Mais il n'y eut pas de réponse. Il actionna le récepteur plusieurs fois. "Allo l'opératrice, ceci est une urgence, j'ai besoin de...."

Frustré, il remit le combiné inutile sur son support et retourna dehors. Cette fois,d'autres personnes s'étaient regroupées là. Il reconnut le Capitaine Mahoney.

"Capitaine, qu'est-il arrivé?"

"On ne sait pas trop mon garçon. Un bateau est en flammes dans le port. On pense que c'est ce qui a provoqué l'explosion. Est-ce que tu vas bien?"

"Je crois, oui. Il y a un client dans la boutique. Il est mort. Et cette femme avec son bébé. Je ne sais pas quoi faire."

"On va s'en occuper, mon garçon. J'enverrai quelqu'un rapidement pour enlever les corps." Le capitaine posa sa grande main sur l'épaule de Ted. "Tu n'y peux rien, Ted. Il y en a tellement et Dieu seul sait combien, des morts, et des

4

blessés. Nous ne pouvons les transporter assez vite dans les hôpitaux." Il secoua la tête. "Nous essayons d'organiser une équipe de volontaires. Peut-être que tu pourrais nous aider, Ted?"

"Oui, bien sûr, mais quels sont les dommages? Jusqu' où l'explosion a-t-elle été ressentie? Et qu'en est-il de ma maison? Mes parents, ma grand-mère, mes frères et soeurs," débita-t-il tout d'une traite.

"Je sais je sais. On pense que le quartier ouest a pris le plus fort de l'explosion; donc, je ne crois pas qu'elle ait touché ton quartier, mais j'y ai envoyé une équipe. Je leur demanderai de s'informer sur ta famille et de leur dire que tu vas bien."

"Merci. J'ai essayé de téléphoner mais…"

"Ouais! Il n'y a plus ni courant, ni téléphone. J'ai l'impression que ce sera long avant de les avoir à nouveau."

"Je vais prendre mon manteau dans la boutique."

"Bien sûr, mais avant tout, assures-toi de tout mettre en sécurité. Il va sûrement y avoir des pillards quand l'obscurité viendra. Où est Monsieur Young?"

"Lui et son épouse sont partis faire des provisions pour les vacances et voir de la famille à Pictou. On ne les attend pas avant Dimanche soir. Ils m'ont confié la boutique."

"Bien, ils sont sains et saufs. C'est bon, vas-y, et mes hommes viendront enlever les corps. Ils te diront où l'on a besoin de toi."

Ted retourna à la boutique et recouvrit le corps de Monsieur Camden avec une grande pièce de tissu à étalage. Comme une vague, la nausée envahit à nouveau le corps de Ted. Il frissonnait en marchant, ne sachant par où commencer. Sa tête était lourde et il sentit ses genoux fléchir. *Est-ce que ma famille va bien? Oh Seigneur, Rebecca, est-elle….oh! non le quartier ouest.* Il réalisa à ce moment là, ce que le capitaine lui avait dit. *Je sais que Rebecca avait l'intention de manquer l'école pour rester à la maison parce que sa mère était bien malade. Je ne peux même pas lui téléphoner. J'irai sur place.*

5

Ted se redressa et respira profondément pour tenter d'y voir clair, tout en faisant le tour de la boutique. La vitre de la vitrine était fracassée. On aurait dit la gueule d'un monstre, ou le coyote enragé complètement édenté qui était descendu des montagnes l'hiver dernier. Çà lui rappela aussi un incident, un jour où il jouait dans l'arrière cour. Il avait lancé une balle, mais elle avait heurté la tête de son frère et avait fracassé la fenêtre de la cave. Il ne restait que des éclats de vitres. Ce soir-là,après souper, il reçut de son père une leçon détaillée sur la manière de réparer une fenêtre brisée.

Mais il ne pourrait réparer la vitrine car il avait bien d'autres choses à faire. Ted sortit un meuble à tiroirs de l'arrière boutique et le poussa jusqu'en avant. Il ramassa rapidement toutes les montres et tous les bijoux qu'il put. Ils étaient mêlés aux vitres brisées. Il essaya de les trier et enleva les plus gros morceaux de vitres mais abandonna l'idée de tous les enlever. Il mit les objets dans les tiroirs. Ted fut incapable de soulever le présentoir à bijoux, mais il ramassa des bijoux éparpillés, évitant soigneusement la flaque de sang coagulé sur le plancher. Il continua de mettre les objets de valeur à l'abri dans des tiroirs. Tout en fermant le meuble à clé, il hocha la tête: "N'importe qui pourrait entrer par les fenêtres brisées ou défoncer ces serrures, mais je suppose que cela le retarderait quelque peu." Comme il achevait, une équipe de travailleurs entra.

"Nous venons enlever un corps," dit un homme grand et robuste, pas rasé, les cheveux blonds et sales. Ted montra du doigt le corps enveloppé sur le plancher.

"Nous sommes désolés pour ce Monsieur. Le connaissez-vous?" demanda un autre travailleur.

"Son nom est Basile Camden. Il habite, habitait sur Berkeley Circle. Et il est marié et a quatre jeunes enfants." L'homme posa sa main sur le bras de Ted. "Merci je l'identifierai. Dis-moi, tu pourrais vraiment être utile sur Maple Street, mon garçon. Peux-tu aller là-bas?" L'homme souleva le corps et se dirigea vers la porte.

"Oui," murmura Ted en enlevant son pardessus du crochet derrière la porte. Il revint, descendit le rideau devant la vitrine brisée, stupéfait de le voir encore intact, seulement quelque peu effiloché.

Ted jeta un dernier coup d'oeil à la boutique, ferma la porte et mit la clé dans sa poche.

Chapitre 2

Le Ciel Nous Vient en Aide

Si Ted pensait que la situation était catastrophique sur Pepperell street, c'était bien pire sur Maple street. Pas un seul bâtiment debout. Seule une pancarte brisée rayée rouge et blanche témoignait qu'un coiffeur avait récemment occupé cette place. Ted se demandait ce qu'il était advenu du petit café du coin ou de la librairie juste à coté. *Où sont les gens; sont-ils tous morts?* C'était comme si un géant avait pris un râteau, avait tout ramassé en d'énormes tas, et y avait mis le feu. La brigade des recherches et des secours, aussi bien que des bénévoles creusaient parmi les gravas à la recherche de personnes, priant dans l'espoir d'en trouver quelques-unes vivantes. Mais ils n'auraient pas le temps de toutes les secourir.

"Par ici, mon garçon," cria un travailleur, "viens nous donner un coup de main." Des cris attirèrent son attention sur une femme coincée entre le deuxième étage et le toit. L'instant d'avant, elle était bien au chaud et la voilà réveillée dans un cauchemar. Elle ne pouvait pas bouger.

Ted grimpa parmi les débris jusqu'à la femme emprisonnée. "Vous allez bien madame? On va vous sortir de là." Plusieurs ouvriers vinrent l'aider, essayant de dégager les madriers. Ils purent enfin la sortir de là et la déposèrent avec précaution dans un chariot pour la transporter à l'hôpital. Les autres membres de sa famille n'avaient pas été aussi chanceux. Trois d'entre eux avaient été écrasés dans l'effondrement du bâtiment et un autre était mort vidé de son sang, lacéré par les éclats de vitres. Ted aida à sortir ce corps et les autres. Ils placèrent les morts en rangées le long du trottoir en béton défoncé pendant que des bénévoles recouvraient les corps avec des draps.

Quelques bâtiments se tenaient encore sur leurs fondations mais d'autres s'étaient complètement effondrés.

Dans un autre quartier, ils ne trouvèrent aucun survivant. Ted travailla une bonne partie de la journée, ne s'arrêtant que pour boire un café chaud ou un verre d'eau. On lui offrit des sandwichs mais son estomac ne pouvait en tolérer ni la vue ni l'odeur. La senteur persistante de bois brûlé, l'odeur suffocante de souffre du charbon, mêlées à celle, tenace de chair brûlée, lui levaient le coeur. Finalement, on sortit des débris plusieurs blessés. "Que le ciel leur vienne en aide," s'écria un travailleur, cherchant parmi les dégats incroyables.

Ted s'arrêta pour reprendre son souffle. "Non, que le ciel nous vienne en aide à tous," murmura-t-il."

Seulement seize personnes furent retrouvées vivantes et rapidement acheminées vers les hôpitaux bondés de monde. Deux des victimes étaient des enfants couverts de cendre blanche, pleurant pour leurs parents. Miraculeusement, ils ne semblaient pas blessés mais furent envoyés à l'hôpital par précaution avec plusieurs personnes âgées. Cela faisait mal au coeur d'assister à de telles horreurs. Des larmes silencieuses ruisselèrent sur les joues de Ted à la vue de tant de chagrin, de terreur et de confusion sur les visages des victimes.

"Tu as besoin d'une pause,Ted?"

"Non...En fait, oui. Je vais revenir. Je dois retrouver quelqu'un." Ted remonta le col de son manteau sur ses oreilles. Il avait froid, mais ce n'était pas à cause de l'air à l'extérieur. Cela venait d'en dedans de lui. Envahi par la peur, il se dirigea d'un pas rapide vers le quartier ouest. *Mon Dieu, j'espére qu'ils vont bien.*

Il ne savait pas trop à quoi s'attendre. Cette partie de la ville ressemblait à celle où il avait travaillé. Ce n'était pas Halifax, du moins pas Halifax telle qu'il la connaissait. Pris de vertiges et désorienté, il secoua la tête pour effacer les images déprimantes qui l'envahissaient. *Je dois penser à Rebecca, pas à ce désastre.*

L'année dernière, alors qu'il faisait des achats de Noël chez Simpson, Ted rencontra Rebecca et tomba en amour, mais il n'osa pas lui demander de sortir avec lui. Il avait peur qu'elle refuse. Cependant, un jour, elle vint à la bijouterie et demanda à Ted s'il voulait bien l'accompagner à une soirée dansante à son école. Ted en fut tout excité. En début de soirée, il cira ses chaussures et brossa son costume, prit un bain, se rasa soigneusement, puis se mit une bonne quantité de lotion après rasage. Cela lui piqua le visage durant un bon moment. Il se brossa les dents, se coiffa, s'habilla, puis se regarda dans le miroir et sourit. *J'ai l'air assez bien, si je puis dire.*

Il se rendit d'abord chez la fleuriste pour acheter une fleur de corsage, et choisit un gardenia blanc. Y pensant après coup, il choisit une seule rose pour la mère de Rebecca. Ted se sentait nerveux en approchant de la maison. Il déposa les fleurs sur la première marche, essuya ses mains moites dans son mouchoir, ajusta sa cravate et respira profondément. Il reprit les fleurs et sonna à la porte. Madame Cranston l'invita à entrer.

"Rebecca est presque prête."

L'instant d'après, Rebecca entrait dans la pièce. Pour Ted, elle avait l'air d'un ange. Il lui remit la fleur de corsage puis tendit la rose enveloppée de papier de soie. "Pour vous, Madame Cranston," dit-il en s'inclinant quelque peu.

Madame Cranston eut l'air surprise. Elle ouvrit le papier et respira le doux arôme de la rose. "Cela fait bien longtemps qu'on ne m'a offert des fleurs. Merci, Ted."

Rebecca sortit sa fleur de corsage de la petite boîte. "Elles sont très belles!" Elle en respira l'odeur persistante. Les gardénias sont mes fleurs préferées." Elle rougit pendant que sa mère l'épinglait à sa robe. Jetant un regard à Ted, elle murmura, "Merci."

Ted l'aida à mettre son manteau. Rebecca embrassa sa mère, lui dit au revoir d'un signe de la main, et le couple descendit l'escalier. Ils s'amusèrent beaucoup durant la soirée. Ted pensa qu'ils étaient faits l'un pour l'autre pendant qu'ils glissaient sur le plancher de danse. Après cette soirée, ils se rencontrèrent souvent. Lorsqu'il la présenta à sa famille, tous approuvèrent chaleureusement cette relation.

Tout en pensant à Rebecca, Ted descendait péniblement la rue en direction de la maison des Cranston. *On doit aller danser Samedi soir.* Gerald, l'ami de Ted, avait accepté d'escorter la cousine de Rebecca qui était en visite pour la fin de semaine, mais il avait avoué ne pas savoir danser. *Je lui ai promis de lui donner une leçon ce soir.*

Rebecca était restée à la maison pour prendre soin de sa mère. Après le petit déjeuner, elle avait fait la vaisselle pendant que sa maman faisait un petit somme dans la pièce à côté. Elle craignait que sa mère, ayant contracté la tuberculose, ne finisse dans un sanatorium, où d'autres malades, souffrant de ce mal débilitant, étaient soignés. Sachant que Rebecca serait seule, le docteur lui avait suggéré de prendre contact avec son oncle et sa tante. "Tu pourrais peut-être vivre avec eux, au moins jusqu'à ce que tu finisses l'école," lui avait-il dit.

"Mais cela voudrait dire changer d'école et vivre loin de sa mère…et de Ted. Non je ne peux pas faire çà".

Rebecca était une élève exemplaire à l'école catholique Saint Anastase. Elle était grande et mince avec de longs cheveux noirs brillants comme du satin. Ses yeux étaient d'un bleu intense. Son sourire provoquait une faussette sur sa joue gauche et découvrait de belles dents blanches.

Rebecca était une gentille fille et elle avait traversé des moments très difficiles. Son père était décédé deux ans auparavant et maintenant, sa mère était malade. Elles vivaient au deuxième étage d'un duplex. Rebecca n'avait pas de frère ni de soeur, ni d'autre parent dans la région, à l'exception d'une tante,d'un oncle et de trois cousins à Moncton, au Nouveau Brunswick.

Après la classe, elle travaillait au grand magasin Simpson pour contribuer à payer l'épicerie et autres nécessités. Après avoir rangé la dernière assiette, elle avait fermé la porte du placard, et à ce moment-là, ce fut comme si le monde entier s'était écroulé. Rebecca fut projetée de l'autre côté de la pièce contre le poêle en fonte, et tout devint noir. L'immeuble se désintégra quand le toit s'effondra et que les murs s'écroulèrent.

Arrivé près de la maison, Ted s'arrêta bouche bée. La maison d'à côté n'était plus qu'un tas de briques. Il courut plus loin et vit la maison des Cranston encore debout bien qu'une partie du toit se fût affaissée.

"Rebecca!" Il commença à grimper les marches à quatre pattes au milieu des débris, lorsqu'une équipe de travailleurs l'interpela.

"He! qu'est-ce que tu fais là! Sors d'ici, c'est trop dangereux."

"Je cherche quelqu'un. Savez-vous s'il y a des survivants?"

"Je ne crois pas. Il ne me semble pas que quelqu'un aurait pu sortir de là vivant. Désolé!"

"Savez-vous où ils les ont emmenés?"

"Probablement à la morgue."

Le mot *morgue* paralysa Ted. Il pensait au pire l'hôpital, certainement pas la morgue. C'était comme si on lui avait envoyé un coup de poing dans l'estomac, et il s'en retourna en titubant.

Le contremaitre l'arrêta. "Hé l'ami, je crois qu'on les a amenés à l'école Chebuctou."

S'ils sont à l'école, ils sont vivant. Ted respira profondément. "*Merci!*" *Au moins il y a de l'espoir. J'irai voir là-bas dès que je finirai avec l'équipe de secours. Je pourrais peut-être même quitter plus tôt.*

Quand il revint sur la rue Maple, le superintendant remarqua que Ted était très pâle. "Est-ce que ça va? Est-ce que tu connaissais quelqu'un dans le quartier ouest?"

"Oui, ma fiancée. Sa maison est en partie démolie. Quelqu'un m'a dit qu'ils étaient tous morts, mais quelqu'un d'autre pense qu'ils ont été transportés dans une école. Comment pourrais-je en être sûr?"

"Il y a une telle confusion, je doute fort que tu puisses être sûr de quoique ce soit à l'heure qu'il est. Pourquoi n'attends-tu pas un jour ou deux, je suis sûr que tu en entendras parler avant longtemps."

"Mais j'aimerais y aller maintenant," dit Ted hésitant. "Mais peut-être avez-vous raison. Il se fait tard." Il revint vers l'équipe. Il aurait voulu hurler, frapper quelqu'un, n'importe qui. Finalement, il serra les dents et mit toute son énergie à travailler. *Comment cela a-t-il pu arriver?* Il secoua la tête et tenta de penser à des moments plus heureux afin de passer à travers les longues heures. Il était très tard quand, enfin, le contremaître les renvoya chez eux en leur disant qu'ils avaient tous besoin de repos. Ted était physiquement épuisé et émotionnellement vidé. *J'irai en premier à l'école Chebucto demain matin.* Il marcha lentement les deux miles qui le séparaient de chez lui, assommé et engourdi par l'épreuve qu'il était entrain de vivre. Soudain, il pensa de nouveau à sa famille. *Mon Dieu, j'espère qu'ils vont bien. J'espére au moins qu'ils sont vivants.* Il accéléra le pas.

Chapitre 3

Ma Soeur

aroline Elizabeth O'Neill. Sais-tu qu'il est impoli de claquer la porte? A présent, ouvres-la et refermes-la. Cette fois, fais-le sans bruit."

Peut-être que, si Allan et moi on n'avait pas vu Madame Boudreau et son adorable petit chien, on ne serait pas en retard. Je ne voulais pas claquer la porte. "Mais, ma Soeur...."

Caroline ne put jamais sortir les mots de sa bouche. A 9:05h, ce Jeudi matin, une effroyable explosion ébranla la ville de Halifax.

Il y eut d'abord une brillante lueur blanche, une énorme explosion, puis des vents violents comme un gigantesque ouragan. Les éclats de vitres des fenêtres étaient projetés sur les élèves, des morceaux de plâtre tombaient des plafonds; des feuilles de papier et des livres volaient à travers la pièce comme de dangereux projectiles.

Qu'est-ce que c'est? Quel est ce bruit épouvantable? Que se passe-t-il? Caroline était terrifiée. Elle couvrit ses oreilles pour atténuer ce bruit de tonnerre et la dernière chose dont elle fut consciente, c'est que son professeur la poussa sous un large bureau tout en criant au reste de la classe, "Vite, tous les élèves, sous vos pupîtres."

Des sirènes hurlaient. Des enfants criaient. C'était le cahos le plus total. Personne ne savait ce qui se passait. *Est-ce qu'on nous attaque? Est-ce la fin du monde? Est-ce que Dieu est en colère parce que je suis en retard ce matin? Bénissez-moi mon père parce que j'ai pêché.*

Le temps parut très long, mais en fait, il ne se passa que quelques instants avant que tout redevienne calme, à l'exception des plaintes stridentes des sirènes. Caroline osa enfin sortir de sous le bureau de son professeur. Elle regarda autour d'elle. L'horloge de l'école, le cadran fracassé, pendait au mur au bout de son fil électrique. Les livres étaient éparpillés dans toute la pièce, des pages déchirées et autres papiers continuaient à virevolter. Dans le silence de la pièce, on n'entendait que les gémissements de quelques élèves qui restaient serrés les uns contre les autres sous les pupîtres. Caroline se releva; elle portait encore son manteau, mais son chapeau préféré avait été emporté. Il était difficile de voir à travers le brouillard blanc causé par la poussière et les débris. *Où est la Soeur? Elle était là il y a un instant.* Hébétée, et prise de panique, la fillette se mit à appeler tout en titubant: "Ma Soeur!" Elle fut terrifiée quand elle vit la religieuse étendue sur le plancher.

Elle s'accroupit près d'elle. "Ma Soeur." Caroline secoua doucement son profeseur. "Oh! ma Soeur s'il vous plait!" Elle n'eut pas de réponse. La robe grise de la religieuse tournait lentement au rouge vif et Caroline comprit qu'il était trop tard. En hésitant, elle retourna la femme et vit que son professeur bien-aimé était morte. Elle s'écria "No-on!" Elle hurla plus fort qu'elle n'avait jamais hurlé de sa vie entière. Et elle ne pouvait s'arrêter.

Les autres fillettes se précipitèrent vers leur amie devenue histérique. L'une d'entre elle l'entourra de son bras. "Qu'y a -t-il?"

Caroline montra du doigt le plancher. Une autre fillette s'agenouilla près de la Soeur et se mit à prier. L'une après l'autre, les fillettes sortirent de sous leurs pupîtres. La plupart des élèves ne présentaient que des blessures mineures mais elles étaient toutes couvertes de plâtre, de poussière, et d'éclats de vitres.

Toujours sous le choc après ce qui lui parut des heures, Caroline tituba vers le trou béant, là où juste avant, il y avait la lourde porte. Complètement assommée, elle vit monter, venant du port, un gros nuage noir. Elle ne savait pas que c'était de la fumée. Pour elle, c'était un gros danger et elle devait s'en éloigner. Elle mit sa main sur sa bouche. "Oh non! Allan. Je dois retrouver mon petit frère. On doit rentrer à la maison."

Elle rampa à quatre pattes sur les gravats et descendit l'escalier jusqu'à la route.

Le visage inondé de larmes, la jeune fille priait pour l'âme de son professeur et pour la sauvegarde de son plus jeune frère; pour ses parents, sa grand-mère et toute sa famille. "Protèges-les Seigneur s'il te plait! J'ai tellement peur."

L'école Saint Patrick, pour les garçons de la première à la quatrième année, était située de l'autre coté de la rue, en face de l'école Saint Mary. Caroline recula lorsqu'elle vit que l'école de son frère n'avait plus de toit et que les murs n'étaient plus qu'un tas de briques. Des pupîtres, des caisses, des papiers, et des cartes tourbillonnaient comme s'ils étaient pris dans une tornade.

"Allan," cria-t-elle en courant vers le bâtiment.

Le père Mc Nulty apparut, sorti de nulle part, tenant un enfant par la main et en regroupant plusieurs autres. "Ça va à présent jeune fille. Arrêtes de crier. Est-ce que tu cherches tes frères? Les deuxièmes années sont rassemblés à l'abri par ici et je crois que les cinquièmes années sont sur la butte." Il changea l'enfant de main et pointa du doigt l'arrière du bâtiment.

"Merci," lâcha Caroline en courant vers les enfants. Un groupe de garçons se tenait là en cercle, tremblant de peur. Quelques-uns pleuraient mais la plupart semblaient assommés et en état de choc. Certains d'entre eux portaient leurs manteaux, mais d'autres étaient en vêtements à manches courtes.

"Allan!"

Ses camarades de classe lui montrèrent Caroline du doigt. Allan courut jusqu'à sa soeur. Elle entoura de son bras le corps potelé de son frère. "Es-tu blessé?"

Même si sa lèvre inférieure frémissait, il ne disait rien et ne pleurait pas. Il était couvert de cendre blanche, le visage sombre, le manteau déboutonné, sans cravate, les pans de sa chemise sortis laissant voir son petit bedon. En temps normal, Allan aurait été puni pour ses vêtements en dédordre. Mais ce n'était pas un jour comme les autres. Caroline n'attendit pas sa réponse. Elle le prit par la main et ensemble, ils se mirent à courir vers la maison.

Soudain Caroline s'arrêta. Le gros nuage noir continuait à monter en spirale vers le ciel et l'air était rempli d'une poussière fine qui la faisait tousser et suffoquer.

Elle se retint de hurler, et cria; "Çà ne ressemble pas à notre rue. Pourquoi est-ce que les arbres sont renversés? La droguerie et les magasins de bonbons, où sont-ils?" Elle montra du doigt. "Il y avait une maison ici. Oh Allan, c'est trop effrayant."

Allan ne lui répondit pas mais lui montra le bas de la colline du côté de la mer. Le centre ville avait disparu. Il n'y avait plus là que des gravats des feux et quelques tramways garés le long de la rue. Ils ne voyaient personne.

"Où sont les gens? Où est la maison de Madame Boudreau? Son petit chien? Je veux ma maman!" Caroline hurla, et courut plus vite encore, entraînant son frère avec elle vers leur maison. La maison à trois étages était encore debout.

"Pourquoi est-ce que les rideaux sont fermés et les fenêtres ouvertes? Il fait froid dehors." Puis elle vit les rideaux du salon battre au vent et comprit qu'il n'y avait plus de vitres aux fenêtres.

"Maman, Maman," hurlait Caroline tandis qu'elle et sont frère montaient en courant les marches de la porte de la cuisine.

Martha O'Neill se précipita pour ouvrir la porte et se pencha pour serrer ses enfants dans ses bras. "Mes chéris, merci mon Dieu, vous êtes là. Est-ce que vous allez bien? Vous n'êtes pas blessés, n'est-ce-pas? Je m'en allais vous chercher." Elle les poussa à l'intérieur.

Caroline serra sa mère. Çà faisait du bien de la toucher. Elle était chaude et bien vivante. "Maman j'ai tellement peur. La maison de Madame Boudreau n'est plus là. J'ai claqué la porte. Et la Soeur est morte. Oh, Maman prends-moi dans tes bras." Caroline sanglotait contre sa mère. Allan se blottit contre elle aussi. Au bout d'un moment, Caroline leva la tête et laissa sa mère sécher ses larmes.

"Ma chérie, dis-moi ce qui s'est passé à l'école."

Les larmes jaillirent de nouveau, et elle raconta ce qui lui était arrivé et combien elle avait eu peur. Elle renifla et reprit son souffle. "Je voulais juste être prêt de toi, Maman. Je voulais être en sécurité. Et Allan a été si courageux, mais je sais qu'il a eu très peur lui aussi."

Martha serra ses enfants sur son coeur.

"Où est Jerry? Et Charles? Est-ce que tu as vu Papa? Où est grand-maman? Est-ce que Ted est à la maison?" Il arrivait souvent à Caroline de débiter ses phrases toutes en même temps, mais aujourd'hui c'était un vrai fouilli et sa voix était remplie de panique.

La gorge serrée, Martha avala péniblement. Elle ne savait pas si son époux et son fils aîné étaient hors de danger. Elle dit le plus calmement qu'elle put, "Shhh, je n'ai pas de nouvelles de votre père, mais vous le connaissez, il est toujours entrain d'aider les autres. On ne sait pas ce qui est arrivé. Je m'inquiète pour Ted, cependant. Il est allé à la boutique tôt ce matin. Il a dit quelque chose à propos de Monsieur Young et la réparation de l'horloge de la tour." Elle hésita, "ou alors, était-ce hier?" Martha secoua la tête et retint ses propres sanglots. Elle aida les enfants à enlever leurs manteaux, mouilla une débarbouillette et essuya la saleté de leur visage.

Les yeux de Martha se remplissaient de larmes mais elle continua. "Vos autres frères sont sains et saufs. On a descendu Jerry en bas, et Grand-maman est entrain de bercer le petit Charles pour l'endormir. Pauvre petit, il a été grognon presque toute la matinée. Je vous en prie. Ne faites pas de bruit. As-tu faim ma chérie?"

"Non Maman, je ne peux pas manger. Je suis trop bouleversée pour avoir faim."

"Allan, veux-tu manger quelque chose?"

19

Il ne répondit pas mais se contenta de la regarder fixement tandis qu'elle le prenait par la main vers le petit salon.

Grand-maman mit le doigt sur ses lèvres quand ils entrèrent. Ils virent que le bébé s'était enfin endormi. Jerry était sur le divan, sa jambe cassée posée sur un coussin. Il s'adressa à Allan, mais à nouveau le gamin ne répondit pas. Il s'accrochait simplement à sa mère.

Grand-maman parla doucement. "Les enfants, j'ai prié pour que vous reveniez sains et saufs. Vous n'êtes pas blessés, n'est-ce pas?"

"Non, Grand-maman," murmura Caroline, "nous avons eu de la chance. On a seulement eu peur."

Maman mit Allan face à elle. "Allan, qu'est-ce qui ne va pas? Pourquoi est-ce que tu ne parles pas? Es-tu blessé mon chéri?"

Puis, Grand-maman dit tout bas afin de ne pas réveiller le bébé, "Crois-tu qu'il ne peut pas t'entendre?"

"Oh, par exemple, je ne pensais pas à cela." Elle ramena le garçon à la cuisine, se mit à genoux devant lui et dit d'une voix forte, "Allan, peux-tu m'entendre?".

Allan mit ses mains sur la tête. "Maman, il y a un gros bourdonnement dans ma tête et mes oreilles me font mal."

Martha le serra contre elle. "Allons mon petit homme, ça va aller." Elle le ramena au petit salon avec le reste de la famille.

Chapitre 4

Mon Père

Il était 3:30h de l'après-midi lorsque Jim, aidé de son assistant Henry arriva chez lui en titubant, fourbu, couvert de sang et claudiquant.

"Jim, mon chéri, es-tu blessé? Viens t'asseoir." Martha courut aider son mari. Elle fut abasourdie, pétrifiée et presque sans connaissance en le voyant couvert de sang. Elle se dépêcha de lui approcher une chaise.

Martha se tourna vers Henry. "Merci de l'avoir ramené à la maison." Elle regarda son mari. Puis, se tournant vers Henry. "Que je suis impolie! Oh cher Henry, je suis désolée. Puis-je vous offrir une tasse de thé?"

"Il faut absolument que je rentre chez moi, voir à ma famille, Madame O'Neill. Une autre fois."

Jim tendit sa main. "Merci mon ami, tu m'as sauvé la vie."

"Content d'avoir été là pour aider."

Martha inclina la tête pour le saluer et ferma la porte. Elle se pencha vers Jim, lui embrassa tendrement la joue et le serra contre elle pendant un moment. Elle examina ses blessures et appela, "Caroline, viens ici."

Caroline faillit se remettre à pleurer quand elle vit son père, mais sa mère mit ses doigts sur la bouche, fit non de la tête puis dit calmement mais fermement. "Dis à Grandmère que j'ai besoin d'elle, et s'il te plait, gardes les garçons au petit salon."

Grand-mère déposa le bébé endormi sur le divan près de Jerry, mit son chapelet de perles dans sa poche, et se précipita vers la cuisine. "Qu'est-ce que c'est? Oh par exemple! Que les saints nous protègent. Je vais chercher quelques bandages." Elle sortit à la hâte.

Martha prit la théière qui se trouvait toujours à l'arrière du poêle à bois, versa de l'eau chaude bouillante dans une cuvette en céramique, ajouta de l'eau froide du robinet, prit un linge à vaisselle propre et l'y trempa. Elle essuya doucement le sang et la crasse sur le visage de son mari. "Racontes-moi ce qui s'est passé Jim."

"Je ne suis pas sûr, mais d'abord, dis-moi si toi et les enfants,vous allez bien?"

"Oui, quoique je m'inquiète pour Ted. Je sais qu'il est comme toi, toujours entrain d'aider quelqu'un. Je prie pour qu'il rentre à la maison bien vite. Le reste de la famille va bien. Allan est...Eh bien, j'ai bien peur que Allan soit encore sous le choc. Il va avoir besoin de toi quand tout cela sera passé. Jim chéri, dis-moi ce que tu sais."

"Henry et moi, on étaient entrain de parler dans le ring quand je me suis trouvé enterré sous des gravats. Je ne savais pas ce qui se passait. Heureusement, Henry n'a pas été blessé, il m'a sauvé la vie, il m'a sorti de là."

"Oh mon Dieu, peut-être que tu devrais aller à l'hôpital, chéri."

"Nous sommes allés à l'hôpital, Martha." Jim secoua la tête. Comment pouvait-il parler à sa femme, des corps gisant dans les rues, ou des morceaux de corps, des bras, des jambes détachés de leurs propriétaires. Comment pouvait-il décrire les immeubles détruits, ou la fumée âcre qui non seulement vous faisait larmoyer mais aussi vous brûlait les poumons, rendant la respiration difficile. Comment pouvait-il lui dire qu'il n'y avait plus de bateaux dans le grand port? Comment pouvait-il? Comment pouvait-il?

Il dit simplement, "tu ne peux pas t'imaginer combien de gens ont été gravement blessés dans cette explosion. Je ne pouvais pas rester là-bas. Je savais que toi et ta mère, vous pourriez prendre soin de mes blessures." Il ne lui parla pas des conversations qu'il avait entendues au sujet de tant de gens à qui il avait fallu enlever les yeux. Il ne voulait pas que çà lui arrive à lui aussi. Il voulait juste rentrer chez lui, dans sa famille, loin de la pire des horreurs.

Grand-mère revint avec une bouteille d'iode et une pleine brassée de linge qu'elle se mit systématiquement à déchirer en bandelettes. Il y avait plusieurs coupures qui avaient besoin de points de suture, mais Jim refusa fermement de se rendre à l'hôpital.

"Maman," dit Martha,"apportes-moi une de mes serviettes en Damassé de la salle à manger.

Grand-mère ne comprenait pas pourquoi Martha voulait une des serviettes de la meilleure qualité alors qu'elle avait déjà une pile de guenilles parfaitement propres sur la table, mais elle ne questionna pas sa fille. Au lieu de cela, elle se rendit dans la salle à manger et en prit une dans le tiroir du buffet.

Martha déplia la serviette, puis, prenant un couteau bien affilé, dégagea des fils de lin qu'elle déposa sur la blessure comme une ouate. "Ceci aidera à cicatriser," dit-elle.

Quand la blessure fut bien recouverte de lin, elle plaça un morceau de gaze dessus et pansa la blessure avec les guenilles. Et elle répéta la même procédure sur les autres vilaines coupures.

Quand ils eurent fini, Jim lui demanda: "Peux-tu regarder mon oeil? Je sens comme s'il y avait quelque chose dedans."

Après un premier examen, aucune des deux femmes ne put voir quoique ce soit dans son oeil. Mais grand-mère prit sa loupe et trouva un minuscule éclat de verre qu'elle enleva avec une pince à épiler.

"Merci, là çà va mieux," dit Jim.

Martha mit un pansement sur son oeil, l'aida à enlever sa chemise sale et en lambeaux et découvrit d'autres égratignures, des coupures et des ecchymoses dont elle prit soin.

Grand-maman prépara une tasse de thé, et ajouta un généreuse quantité de whisky dans le liquide chaud. "Buvez cela, Jim, çà va aider."

Quand il finit son thé, Martha dit, "Je crois que les enfants veulent te voir. Penses-tu pouvoir marcher jusqu'au salon?"

"Bien sûr, je veux les voir moi aussi."

Martha le devança et dit aux enfants que leur père était rentré, et pour qu'ils ne s'inquiétent pas à la vue des bandages. "Papa a subit quelques coupures, mais çà va bien aller."

Caroline se précipita vers son père. "Papa, je suis contente que tu ailles bien, mais on dirait un…."

"On dirait le pirate de mon livre, Papa," l'interrompit Jerry. Jim sourit.

Le petit Charles, endormi le pouce à la bouche, était blotti tout contre Jerry. Allan était assis sur la chaise rembourrée. Ses grands yeux bruns se remplirent de larmes à la vue de son père.

Jim ébouriffa les cheveux de Jerry, lui demanda des nouvelles de sa jambe, puis prit Allan dans ses bras, s'assit dans la chaise et le mit sur ses genoux.

"Comment va mon garçon?"

"Je crois qu'il n'entend pas bien. Et il s'est plaint d'entendre un grand bruit dans sa tête," dit Martha.

"La commotion lui a probablement blessé les tympans." Jim regarda à l'intérieur des oreilles de son fils et l'embrassa sur le dessus de la tête. Ça va fort probablement se calmer d'ici un jour ou deux. Du moins, je l'espère. On l'emmènera chez le docteur Munroe, mais j'ai bien peur qu'on devra attendre un peu. Il y a tellement de gens blessés qui ont besoin de secours immédiat.

"Papa, es-tu au courant de ce qui est arrivé? Est-ce que c'est la guerre?" Un coup frappé à la porte de la cuisine interrompit la conversation.

Martha alla répondre. L'instant d'après, elle était de retour, le coeur battant plus fort que jamais. Elle avait peur qu'on vienne lui annoncer l'horrible nouvelle que Ted était mort. D'une voix chevrotante, elle annonça, "C'est le Capitaine

Mahoney du service de police de Halifax. Il voudrait te parler."

Caroline essaya d'aider son père à se lever. "Çà va Caroline, je suis blessé mais pas estropié. Je vais y aller." Jim alla à la cuisine et salua le capitaine.

Caroline revint vers la chaise et se blottit contre Allan qui s'était endormi. Elle essaya d'écouter mais tout ce qu'elle put comprendre fut la voix de son père qui disait, "Oui, oui, je comprends. Naturellement, je vais chercher mon manteau."

Caroline bondit de sa chaise et courut à la cuisine, effrayée." Papa, est-ce qu'ils vont t'arrêter?"

Jim se mit à rire. "Non, on ne va pas m'arrêter. Ils ont besoin de l'aréna. Le capitaine a vu Ted et il va bien. Comme tu l'as dit, Martha, il est entrain d'aider l'équipe de secours. Écoute, je vais revenir plus tard. Pendant ce temps, Caroline, aides ta mère et ta grand-mère. Fais ta grande fille, je sais que tu es capable. "Il l'embrassa sur le front, puis leva les yeux: "Martha, j'enverrai quelqu'un pour mettre des panneaux aux fenêtres. On ne va pas chauffer toute la ville." Il embrassa son épouse et passa la porte avec le capitaine en boîtant.

Dans l'heure qui suivit, deux hommes se présentèrent avec marteaux planches et clous pour bloquer les fenêtres contre les éléments. Martha prépara des sanwichs et du thé chaud agrémenté du whisky de son époux et les offrit aux deux hommes. Avec les fenêtres obtruées, la maison fut complètement dans l'obscurité. Ils allumèrent des lampes au kérosène et attendirent, ne sachant pas ce qui allait se passer ensuite.

Chapitre 5

L'heure du Souper

Caroline, dresses la table s'il te plait."
"D'accord. Çà sent délicieusement bon. Es-tu entrain de préparer du Welsh rarebit?"

"Oui, et j'espère que tu pourras manger maintenant."

"Je pense que oui. J'ai faim. Grand-mère, crois-tu qu'on se sentira de nouveau en sécurité? J'en tremble encore."

"C'est naturel que tu en trembles encore. Je n'arrive pas à m'imaginer combien cela a dû être terrible pour toi aujourd'hui."

"C'était épouvantable. Est-ce que çà l'était ici aussi?"

"On a eu très peur quand la maison a tremblé et que les vitres se sont fracassées. On ne comprenait pas ce qui arrivait."

"J'ai cru que c'était la fin du monde. J'ai pensé que Dieu était furieux parce que j'étais arrivée en retard à l'école."

"Tu étais en retard?"

"Madame Boudreau promenait son nouveau petit chien. Oh! Grand-maman, tu devrais voir comme il est mignon. La maison des Boudreau est une ruine."

"Ta maman a pris des nouvelles de madame Boudreau; elle a été emmenée à l'hôpital. On pense qu'elle a peut-être une hanche brisée."

"Oh, çà alors. Mais, et le petit chien, çà m'inquiète?"

"Je ne sais pas. Demandes à ta maman, elle doit être au courant."

"D'accord. Est-ce que je mets les couverts pour Notre Père et Ted?"

Grand-maman sourit. Caroline disait souvent Notre Père en parlant de Jim. "Je ne sais pas. Pourquoi pas, bien sûr. Mets des couverts pour tous les deux."

Martha réveilla le bébé,changea sa couche, le mit dans la chaise haute et lui tendit un biscuit soda à grignoter en attendant le souper. Allan et Jerry vinrent s'asseoir à table.

Caroline donna un biscuit à Allan et un rapide baiser sur la joue. Il arborra un large sourire. Çà faisait du bien de retrouver l'habituel sourire heureux de son frère.

Alors qu'ils prenaient place autour de la table, Caroline demanda, "Que pensez-vous qu'il soit arrivé aujourdhui? Je ne comprends pas comment un feu dans le port a pu détruire la ville entière."

"Eh bien, il était assez *puissant* pour détruire la ville entière," dit Jerry.

"Nous ne savons toujours pas ce qui est réellement arrivé mais je suis sûr que nous l'apprendrons assez tôt." Martha hésita. "On n'attendra pas Papa et Ted mais nous allons remercier Dieu d'avoir protégé notre famille. Baissons la tête."

Martha récita, "Bénissez-nous, Oh Seigneur pour tous ces dons, que nous sommes sur le point de recevoir de votre bonté à travers le Christ notre Seigneur."

" Ils répondirent tous ensemble, "Amen."

"Men!" répéta Charles de sa grosse voix. Les enfants pouffèrent de rire.

Maman tendit les assiettes à Grand-maman qui versa une louche de la riche et crémeuse sauce au fromage sur les biscuits alignés dans les assiettes et en mit une en face de chacun des enfants. Ensuite, elle émietta quelques biscuits dans un petit bol et versa le rarebit dessus. Prenant une petite cuillère, Martha souffla dessus pour refroidir le fromage avant de le donner au bébé. Il était affamé et l'avala aussitôt. Les enfants avaient faim et apprécièrent le léger souper. C'était leur plat favori, habituellement réservé pour les Dimanches soirs mais Grand-maman pensa qu'il serait le bienvenu ce soir-là.

Quand Grand-maman eut fini elle apporta son assiette et celle du bébé à l'évier.

"Je vais nettoyer Martha, tu as d'autres choses à faire."

"Merci, Maman, j'apprécie. Caroline, quand tu auras fini, je veux que tu viennes m'aider à l'étage."

Le deuxième étage était dans un désordre complet. Des éclats de verre et de bois étaient empilés près de chaque fenêtre. Martha balaya pendant que Caroline tenait la lampe au kérosène. Puis, ensemble, elles enlevèrent plusieurs matelas de sur les sommiers, les transportèrent jusqu'à la cage d'escalier et les laissèrent glisser jusqu'en bas. Là, elles trainèrent les matelas dans le petit salon et préparèrent les lits avec des draps et des édredons propres.

"Nous dormirons ici ce soir," dit Martha.

"Youpiii," exclama Jerry, "on dirait qu'on va s'amuser."

"Ce sera confortable mais je ne veux pas de jeux brusques. Comment va ta jambe chéri?"

"Çà va bien Maman. Quand est-ce que je pourrai enlever le plâtre? Je veux aller à l'école voir mes amis."

Caroline l'interrompit. "Je ne crois pas qu'il y aura de l'école avant longtemps et je doute fort que tu puisses grimper de nouveau à l'arbre duquel tu es tombé, parce que il est…eh bien il a disparu."

"Disparu?"

"Oui disparu. Pratiquement tous les arbres de la rue Robie sont à terre. C'est épouvantable."

"Vraiment? Notre maison a craqué et tremblé et le vent a soufflé et brisé les vitres. C'était effrayant. On ne savait pas ce qui se passait. Au début,Grand-maman a pensé à un tremblement de terre, mais je suppose que ce n'était pas çà. On s'est tous blottis les uns contre les autres sous l'escalier. Maman s'inquiétait pour toi et Allan. On était tous effrayés, mais je crois que c'était moi qui était effrayé le plus. Est-ce que ton professeur est vraiment morte?

"Le plus effrayé," corrigea Caroline, "et oui, elle est décédée". C'était horrible tout ce sang. Oh, je ne veux plus en parler, on va faire des cauchemars." Caroline aida les garçons à se préparer pour se coucher. Martha écouta leurs prières et les borda.

"Bon'nuit," dit Caroline.

"Collez-vous,"claironna Jerry.

"Attention aux punaises!" Ricanna Caroline en quittant rapidement la pièce.

Martha l'appela. "Caroline, tu as besoin d'un bain, demande à Grand-maman de chauffer de l'eau.

"D'accord Maman." Caroline entra dans la cuisine. "Maman a dit que je dois prendre un bain. Voudrais-tu me chauffer de l'eau?"

"Certainement, ma chérie," dit Grand-maman en essuyant ses mains, et elle alluma le chauffe-eau. "Je suis d'accord avec ta maman, tu as besoin d'un bain, et d'un shampooing." Elle ôta un morceau de plâtre des cheveux de la jeune fille, puis lui tendit une lampe au kérosène. "Je pense que tu te sentiras mieux aussi."

"Merci, Grand-maman." Caroline prit la lampe et grimpa l'escalier jusqu'à sa chambre. Elle ouvrit le tiroir de sa commode, sortit un pyjama et des sous-vêtements propres. Comme elle approchait du placard, elle aperçut son échantillon de broderies encadré, sur le plancher.

Elle le ramassa, souffla sur la poussière de plâtre, le tint contre sa poitrine pendant un moment avant de le remettre sur sa table de nuit. "J'aime cet encadrement," murmura Caroline pour elle-même. "Papa l'a fabriqué. Grand-maman m'a aidée à broder les points Français sur l'échantillon. La Soeur voulait qu'ils soient parfaits sinon on devrait recommencer."

Caroline se rendit dans le garde-robe et prit son peignoir et ses pantoufles. "Pauvre Soeur. J'aurais dû aller sous mon pupître, et peut-être qu'elle aurait pu s'en sortir. Je ne peux pas croire qu'elle est vraiment morte. A quoi est-ce que je pensais, à m'enfuir comme çà? Mais il fallait que je retrouve Allan. Je sais qu'il était mort de peur. Oups, Je ne devrais pas dire ou même penser cela," Elle essuya ses larmes. *Mon coeur bat tellement fort quand je pense à ma journée. Ce sera sûrement la plus mauvaise journée de toute ma vie.* "C'est tout simplement épouvantable!" Elle sanglota puis sortit le reste de ses affaires, descendit les marches et entra dans la salle de bain. Elle déposa la lampe sur la commode et respira l'odeur douce et fumante du bain.

Comme elle se déshabillait, elle remarqua des bulles dans le bain. *Grand-maman, tu as utilisé le bain moussant que Ted t'a offert à Noël.* L'eau était douce et chaude et la jeune fille s'y enfonça. Épuisée, son esprit se mit à érrer et elle pensa à l'échantillon et son encadrement, son professeur et le désastre. Caroline pleura de nouveau, puis avec rage, elle prit une débarbouillette et se frotta le visage et le corps. Elle se fit un shampooing et se rinça la tête sous le robinet.

Comme les choses peuvent changer rapidement. Il n'y a pas si longtemps, nous formions une famille heureuse et chanceuse. La semaine dernière on est allé glisser sur la neige en luge sur la Citadel Hill, tous ensemble sauf Grand-maman et le bébé. On s'est tellement amusés. Papa et Ted ont traîné les luges en haut de la colline. On pouvait voir la ville entière de Halifax qui s'étendait en bas près de l'eau, le bord de l'eau si beau, les tramways et tous les bateaux dans le port. Tout a disparu maintenant.

"Caroline, as-tu bientôt fini?" De nouveau, la fillette se fit ramener à la réalité par sa mère qui l'appeleait.

"Je sors à l'instant, Maman." Elle essora la débarbouillette, la mit sur son visage encore une fois et respira l'odeur suave du savon et de la mousse de bain. *Grand-maman avait raison, je me sens vraiment mieux.* Elle sortit du bain, se sécha, se poudra le corps avec du talc à la bonne odeur sucrée, avant d'enfiler son pyjama, sa robe de chambre et ses pantoufles. Ensuite, elle se coiffa et se brossa les dents.

Caroline s'installa près du poêle pour faire sécher ses cheveux avant d'ajouter, "Bonne nuit Maman, Bonne nuit, Grand-maman et merci pour le bain moussant." Elle les enlaça et les embrassa avant de s'écrouler sur un matelas et remonta la couverture.

Caroline s'endormit aussitôt mais son sommeil ne fut pas reposant. Elle rêva qu'elle courait d'un endroit à l'autre et que des objets lui tombaient dessus. Elle entendait des cris, voyait du sang, sentait de la fumée et à un moment donné se mit à crier. Grand-maman étendit le bras sur le corps frêle de sa petite-fille pour calmer sa frayeur.

Chapitre 6

Père et Fils

'ed trébucha dans la noirceur en passant la porte, le visage terreux, débraillé et couvert de sang. La gorge serrée, Martha se précipita vers son aîné et lui dit: "Mon Dieu Ted,tu es blessé!"

Caroline entendit son frère rentrer et sauta hors du lit. Un courant d'air froid l'assaillit. Elle entra dans la cuisine, prête à le bombarder de questions sur ce qui s'était passé, et où il était au moment de l'explosion mais elle s'arrêta dans l'embrasure de la porte quand elle le vit parler avec sa mère puis se tenir la tête et sangloter. Elle eut les larmes aux yeux quand elle aperçut ses vêtements tâchés de sang et comprit qu'elle en avait vu beaucoup plus qu'elle ne voulait en savoir. Elle retourna précipitamment au petit salon, se glissa sous les couvertures et se blottit contre sa grand-mère.

"Non, Maman," dit Ted. "Je ne suis pas blessé. J'ai été très chanceux. Par contre, Monsieur Camden ne l'a pas été. Il est venu chercher sa montre. Je suis allé dans l'arrière boutique pour la prendre et c'est à ce moment-là que l'explosion a eu lieu. Le pauvre homme n'avait aucune chance là où il se trouvait, près de la vitrine." Les yeux de Ted étaient rouges et remplis de larmes. "Le Capitaine Mahoney m'a demandé de l'aider avec l'équipe de recherche et de secours. Oh Maman, on a vu tellement de gens, c'était terrifiant! J'ai tenté de trouver Rebecca mais son voisinage a été complétement détruit. Il ne reste plus rien de leur maison. Je n'ai pas pu la trouver. Je suis inquiet. Ce n'est pas bon signe." Ted éclata en sanglots et pleura, la tête dans ses mains.

Martha ne disait rien. Elle ne pouvait pas. Elle avait un noeud dans la gorge qui l'empêchait de parler. Elle mit son bras autour des épaules de son fils et le laissa pleurer. Puis, son intinct maternel habituel reprit le dessus. "Puis-je te préparer une tasse de thé, Ted, ou quelquechose à manger?"

Ted secoua la tête. "Je suis incapable de manger."

Martha lui raconta comment s'était passée leur journée et combien la famille avait eu peur mais que tous allaient bien à part son père qui souffrait de quelques blessures. "Le Capitaine Mahoney est venu ici. Il nous a dit que tu n'avais rien et il a demandé à utiliser l'aréna. Papa y est allé."

Ted reprit son manteau. "Oui, dit-il, "il m'a dit qu'il te préviendrait. Je vais aller aider Papa." Ted étreignit sa mère et sortit.

L'aréna était située à deux pâtés de maisons seulement. Il y avait encore des feux qui couvaient là où il y avait eu des bâtiments. L'odeur âcre qui flottait dans l'air fit tousser Ted. Tout était calme quand il monta les escaliers de l'aréna. Il ouvrit la porte, et, à première vue, tout allait bien. C'est après qu'il vit les corps. Quelques-uns étaient recouverts avec des draps et placés en rangées sur le plancher de l'aréna comme sur la rue Maple. D'autres étaient simplement laissés près de la porte. Pris de nausée, Ted courut à la salle de bain. Quand il eut fini de vomir, il s'aspergea le visage avec de l'eau, respira profondément et revint vers son père.

"Est-ce que çà va?"

"Je suppose. Heureux que notre famille aille bien. Je m'inquiète pour Rebecca cependant. Elle n'était pas chez elle. Je n'ai pas eu de nouvelles. Qu'est-ce que je devrais faire? Je voudrais la retrouver avant qu'il ne soit trop tard mais il semble bien qu'on n'en aura pas le temps."

Jim mit son bras autour des épaules de son fils. "Je ne crois pas que tu puisses faire quoique ce soit pour l'instant. Je pense que tu dois simplement attendre. Elle est probablement à l'hôpital avec sa mère. Tu as dit que sa mère était malade."

'Tu as raison. Du moins je l'espère." Ted n'était pas émotionnellement préparé à voir des gens identifier les corps des membres de leurs familles. Ils demandaient, "Avez-vous vu ma femme?" "Avez-vous vu mon fils?" "Je cherche mes enfants." Certains corps étaient identifiés mais d'autres ne l'étaient pas parce que des familles entières avaient été décimées. Il ne restait simplement plus personne pour les réclamer. Cependant, quand on leur trouvait un parent, on était anéanti à les entendre se lamenter et sangloter quand ils prenaient et embrassaient les corps brisés de leurs êtres chers. Un homme découvrit son épouse et son fils nouveau-né. Il s'accrocha à eux, les berçant tous les deux contre son coeur. "Pourquoi Oh Mon Dieu, pourquoi? "

Quand, enfin, il y eut une accalmie, Ted dit à son père, "Cette journée a été un enfer, Papa. Comme un cauchemar. Maman m'a raconté comment Henry t'a sauvé la vie. Est-ce que tu vas bien?"

Jim eut un petit rire nerveux, "Je me voyais déjà mort. Cependant, Henry est arrivé. Je ne sais pas comment il a fait tout seul mais il a réussi à enlever les lourdes poutres, les blocs de pierre et les planches qui étaient sur moi."

"Bon vieux Henry, toujours là, n'est-ce pas? Mais je vois que tu as beaucoup de pansements. Qu'est-il arrivé?"

"Je vais bien, juste quelques égratignures, c'est tout."

"Tu es sûr?"

Jim fit oui de la tête.

"Est-ce que l'aréna pourra être réparée, Papa ?"

"Je suis certain que oui. Dès qu'on aura le matériel, on la rénovera et on la remettra en marche. Après tout, la saison de hockey commence dans deux semaines."

Jim n'oublierait jamais ce jour-là, aussi longtemps qu'il vivrait. En tant que concierge de l'aréna, lui et son assistant étaient occupés à démonter le ring quand l'explosion eut lieu, provoquant l'effondrement du mur et enterrant Jim sous les décombres. Avec la force d'un géant, Henry avait réussi à se sortir de là. Il pensa tout d'abord que Jim, inconscient et tout couvert de sang, était mort, mais celui-ci reprit conscience alors qu' Henry le sortait des débris.

"Mon Dieu, Jim, je ne sais pas ce qui est arrivé, mais on devrait t'emmener à l'hôpital immédiatement. Je vais voir si je peux trouver quelqu'un pour nous aider."

Jim s'efforçait d'enlever les débris qui le recouvraient. "Zut, çà fait mal!" Il essuya son visage plusieurs fois, essayant de nettoyer sa tête, et surtout ses yeux, il avait du sang partout.

Henry revint avec deux hommes qui aidèrent à sortir Jim du bâtiment.

"Savez-vous ce qui a provoqué l'explosion?" avait demandé Henry aux hommes.

"Non, mais il est certain que c'était une explosion d'enfer, je vous le dis, " lui avait répondu l'un d'entre eux.

Un cheval et son boghei étaient arrêtés sur la rue, le cocher inconscient sur la voiture. Henry examina l'homme. "Mettez ce gars à l'arrière et nous les emmenons tous les deux à l'hôpital." ordonna-t-il, puis il sauta sur le siège du cocher. Ils durent contourner des tramways renversés et d'interminables monticules de débris, mais ils réussirent à se frayer un chemin.

Un véritable chaos régnait à l'hôpital. Les infirmiers emmenèrent d'urgence le cocher blessé sur un brancard. Pendant ce temps, Jim, bien que chancelant, pouvait marcher. Henry l'aida à passer la porte. Jim avait la vue brouillée, il avait mal à la tête, et il se sentait faible. L'endroit ressemblait à une ruche en pleine activité et il eut l'impression d'entendre des centaines de gens crier leur douleur. Il réussit à entendre une garde-malade parlant à une autre alors qu'elles se pressaient. "Ils ont enlevé plusieurs yeux crevés par les éclats de vitres. C'est affreux, j'imagine qu'il y en aura beaucoup d'autres encore."

Jim fut pris de panique. "Sortons de cet enfer. Ramènes-moi chez nous Henry. Je ne suis pas aussi gravement blessé que ces gens-là. Je t'en prie, ramènes-moi à la maison.

"Je te comprends." Henry avait lui aussi entendu la conversation. Une fois dehors, ils découvrirent que leur cheval et le boghei n'étaient plus là, mais il y en avait un autre tout près et il était vide. Henry aida Jim à monter à l'arrière et ils s'en retournèrent vers la maison des O'Neill.

Je prie le Seigneur pour que ma famille soit saine et sauve. Je ne sais pas ce que je ferais s'il leur arrivait quelque chose. Ils sont tout pour moi. Et il ferma les yeux en implorant miséricorde.

Chapitre 7

Ma Mère

Très tôt le lendemain matin, elle se mit à faire les cent pas dans la cuisine. Ni Ted ni Jim n'étaient rentrés durant la nuit. Martha était inquiète. Finalement, elle mit son manteau d'hiver, enroula une écharpe autour de son cou, prit le thermos de café et un panier de biscuits tout chauds qu'elle avait préparés plus tôt et ferma doucement la porte de la cuisine.

Aussitôt qu'elle arriva à l'aréna, Jim ouvrit la porte. "N'entres-pas Martha. Tu ne voudrais pas voir çà."

"Je comprends, Jim. J'ai seulement pensé que tu aimerais boire un café. Y-a-t-il autre chose que je peux faire pour toi? Tu as vraiment besoin de te reposer; tu es resté debout toute la nuit, Ted aussi." Martha jeta un coup d'oeil sur les rangées de corps alignés recouverts de draps. *Juste ciel, on dirait des fantômes attendant l'Halloween. Je ne veux rien voir de plus.*

"Nous avons dormi chacun notre tour. On va bien." Il prit le plateau, l'approcha de son visage et respira. "Çà sent bon. Merci chérie. Est-ce que les enfants vont bien? Est-ce que l'ouvrier a réparé les fenêtres?"

"Oui, c'est fait, et il fait bien plus chaud maintenant. On a tous dormi en bas. J'ai pensé qu'on se sentirait plus en sécurité tous ensemble. Allan a continué de se plaindre dans son sommeil et je l'ai pris près de moi, et Caroline s'est mise à crier comme si elle faisait un mauvais rêve. Oh Jim, je t'en prie, rentres vite à la maison."

"Je te le promets, chérie. "

"On a besoin de toi."

"Je sais, je sais. Le Capitaine Mahoney a dit qu'il serait de retour à huit heures. Après, on rentrera à la maison. Ce fut tellement difficile pour les familles qui essayaient de retrouver leurs proches, et qui devaient regarder tous les corps."

"Je ne peux m'imaginer combien ce doit être horrible."

"C'est épouvantable, tu ne pourrais pas le croire."

"Alors, je t'attends plus tard. Oh, savais-tu qu'il va neiger?"

"Non, il ne nous manquait plus que çà,n'est-ce pas? Nous serons à la maison bientôt."

Martha regarda autour d'elle. A part d'être allée voir Madame Boudreau, c'était la première fois qu'elle voyait les alentours depuis l'explosion. Comme l'avait dit Caroline, beaucoup de maisons n'avaient plus de fenêtres. Certaines s'étaient complètement effondrées. Plusieurs vérandas avaient été emportées par l'explosion, des arbres étaient couchés ou déracinés. Des branches cassées, des tuiles de toits, des meubles et autres débris étaient éparpillés dans les cours. Martha frissonna. Elle s'inquiéta pour ses autres voisins mais se sentait obligée de rentrer directement chez elle.

Elle ne voulait plus rien savoir de cette tragédie, elle s'enfuit chez elle et claqua sa porte. Elle jeta son manteau et son écharpe sur un portemanteau, elle monta à l'étage en courant et tenta de remettre sa maison en ordre mais un gros sanglot lui serrait la gorge et elle sentit les larmes lui piquer les yeux.

Elle se mit à genoux près d'un lit maintenant dépourvu de son matelas et tenta de prier. Elle n'y parvint pas. Elle s'assit sur ses talons et pleura en silence. *Bertram, on t'appelait Bertie. Tu ne ressemblais pas aux autres. Non, tes cheveux clairs étaient teintés d'une touche de roux, et tu avais des fossettes sur tes petites joues potelées. Tu étais vraiment adorable. Onze mois, tu commençais juste à marcher. Mon bébé adoré!*

Habituellement, Martha restait forte, mais aujourd'hui, elle se sentait faible et vulnérable. Elle supposa que c'était parce que la dernière année n'avait pas été facile.

Quand elle avait appris la nouvelle selon laquelle son père avait subi une crise cardiaque, Jim avait insisté pour que Martha y aille immédiatement. "Je m'occuperai des enfants," avait-il dit. "On se débrouillera." Martha remplit une valise puis prit le trolley jusqu'au quai, où elle embarqua sur le ferry *Prince Edward Island.*

C'était un long voyage et elle aurait préféré s'asseoir sur le pont supérieur pour un moment, mais l'air était trop froid. D'une certaine façon, la jeune femme était toute excitée de revenir. Elle avait grandi sur l'île et avait aimé çà. C'était un voyage d'un jour entier, et, enceinte de cinq mois, elle était épuisée quand le ferry entra dans le port. Son amie Anna vint la chercher et la conduisit directement à l'hôpital.

Martha courut vers sa mère et l'étreignit fortement et longtemps. "Je suis venue aussi vite que j'ai pu."

"Je sais, c'est un long voyage. Ton père est dans un état grave. Edward devrait arriver cette nuit. J'ai bien peur que Papa ne puisse pas tenir jusque là." Elle tamponna ses yeux avec un mouchoir en lin.

Martha s'approcha du lit, "Salut, Papa." Elle se pencha sur lui et l'embrassa sur le front. Il ouvrit les yeux en reconnaissant la voix de sa fille mais il était trop faible pour parler. Il referma les yeux. Martha prit sa main, mais elle ne put rien lui dire. Elle se sentait engourdie, et quand elle sentit les larmes monter, elle se leva et céda la place à sa mère.

Pas longtemps après, le docteur et une infirmière vinrent vérifier ses signes vitaux. Martha et sa mère sortirent de la chambre. En sortant, le docteur s'approcha d'elles. Il leur dit que le pronostic n'était pas bon et qu'il ne s'attendait pas à ce que son patient vive plus qu'un jour ou deux. Martha se sentit faiblir et dût s'asseoir. Elle ne voulait pas croire le docteur, même si, ayant été entraînée comme infirmière stagiaire elle connaissait les signes. Elle n'aimait pas ce qu'elle avait vu. La dernière fois qu'il leur avait rendu visite, il était si plein d'énergie. *Oh, Mon Dieu!*

Elles retournèrent dans la chambre et s'assirent à son chevet. Son père dormait. Martha était la plus vieille de la famille. Elle n'avait qu'un frère plus jeune, Edward, qui vivait aux Etats Unis. Tout en essayant de se détendre, elle se souvint de sa jeunesse à Charlottetown, dans l'île où elle avait grandi.

Quand elle revint de sa rêverie, elle regarda son père. Son souffle était très faible. Juste à ce moment là, Edward entra dans la chambre sur la pointe des pieds et il embrassa sa mère et sa soeur avant de s'agenouiller près du lit. Il parla à son père mais n'eut pas de réponse et l'instant d'après, Richard Johns fut déclaré décédé.

Martha fut étonnée de voir son mari arriver par le dernier ferry, le soir précédant les funérailles. Elle demanda, "Qui est avec les enfants?"

"Margie. Elle était enchantée de passer un peu de temps avec sa nièce et ses neveux. Je voulais être ici pour toi et ta mère".

"Jim, tu es la personne la plus gentille que je connaisse. Je t'aime." Elle le serra dans ses bras.

Le jour des funérailles de son père, il pleuvait et l'air était vif. Jim et son beau-frère avaient pris des arrangements avec l'entrepreneur des pompes funèbres. Les gens venus aux obsèques offrirent leurs condoléances, se rassemblèrent à la basilique St Dunstan pour les funérailles puis suivirent le cortège funèbre jusqu'au cimetière, à deux pâtés de maisons plus loin. Quand le cercueil fut descendu en terre, le soleil apparut dans toute sa splendeur, sorti de derrière les nuages. La famille pensa que c'était bon signe et rentra à la maison où les voisins avaient préparé des sandwiches, du thé chaud, des fruits frais et des desserts.

Beaucoup plus tard, quand le dernier des invités fut parti, la famille s'assit autour de la table de la salle à manger et bavarda jusqu'à très tard dans la soirée. Ed partit le jour suivant. Martha offrit de rester même si elle savait que son mari devait retourner à Halifax, et qu'elle avait hâte de rentrer pour ses enfants. Sa mère en eût conscience, si bien que quelques jours après, elle insista pour que sa fille reprenne le ferry pour rentrer chez elle.

C'est avec regret que Martha salua sa mère. Le voyage de retour fut houleux et Martha ressentit tous les coups de la mer en colère. Cependant, quand elle retrouva Jim au quai avec Ted, Caroline et Jerry, elle se sentit tout de suite mieux. Jim avait un effet apaisant sur toute la famille. Les enfants étaient heureux de voir leur mère et elle était contente d'être de retour.

Martha eut ses premières douleurs deux mois après. La sage-femme arriva juste à temps pour la venue au monde d'un petit garçon prématuré. Bertram était un enfant maladif mais heureux. Son frère et sa soeur l'aimaient follement, mais avant son premier anniversaire, il eut une méningite et mourut en quelques jours. Ce fut une période difficile pour la famille O'Neill. Le miniscule cercueil blanc rappela à Martha un coffre au trésor qu'elle avait vu au grand magasin. Il contenait en effet un   trésor, son bébé. Martha continua à être profondément dépressive. Le docteur Munroe venait tous les jours.

"Vous devez vous ressaisir, Martha," lui disait- il.

"J'essaie, docteur, mais tout ce que j'ai envie de faire, c'est pleurer. Je me demande encore si on aurait pu le sauver d'une façon ou d'une autre. "

"Mais vous avez fait tout ce que vous pouviez. Vous ne pouvez pas continuer à revenir sans cesse sur sa mort ou la mort de votre père. Vous avez tant de bonnes choses dans votre vie. Pensez à vos autres enfants. Essayez de penser à des choses positives."

"Je vous promets d'essayer encore plus fort."

Au Printemps, Martha n'était pas encore rétablie, si bien que Jim demanda à sa mère de venir vivre avec eux. Martha eut de l'aide. Elle et sa mère s'entendirent très bien, et sa mère fut d'une aide considérable auprès des enfants, à la lessive tous les jours, à la cuisine, et elle n'interferrait jamais.
Je suppose que j'ai suivi les paroles du docteur à la lettre, parce que, depuis de ce jour-là, j'ai détesté faire face aux choses désagréables. Il me semble plus facile de les ignorer.

Je ne veux pas m'en préoccuper. Qu'est-ce que je vais faire à présent? Je sais que je dois être forte pour ma famille, même si en-dedans de moi, j'ai le coeur en miettes.

Martha entendit des voix. "Çà doit être Jim et Ted." Essuyant ses larmes, elle se moucha et arrangea son tablier, avant de descendre l'escalier. Elle remplit la théière et sortit des tasses et des soucoupes. Accomplir ses corvées habituelles, lui faisait oublier ses émotions.

Chapitre 8

Une Longue Nuit

'Ted et son père rentraient enfin à la maison après cette nuit incroyablement longue. Et Ted ne dit pas non lorsque son père lui suggéra de prendre un bain avant tout.

Il entra dans la salle de bain, posa la lampe au kérosène sur une étagère derrière la toilette, enleva ses vêtements et enjamba la baignoire. Respirant profondément, il s'enfonça dans l'eau chaude, ferma les yeux et appuya sa tête sur le bord de la baignoire. Après l'odeur des feux et la puanteur de la sueur et des décombres, l'odeur du savon de Castille fut la bienvenue.

Frottant ses mains et ses ongles avec une petite brosse, il marmonna. "Aie, encore du verre." Ted mit son doigt endolori dans la bouche et avec ses dents, retira le petit éclat de verre. Il avait été facile d'ignorer les bleus et les écorchures au moment du choc, mais Ted pouvait les sentir maintenant. Il prit une débarbouillette, y mit du savon et se frotta le reste du corps. *Je peux laver le sang, mais je ne pourrai jamais effacer ces images. Mon Dieu, je ne pourrai jamais raconter ce que j'ai vu. Je peux moi-même à peine le croire. Oh Rebecca, où es-tu?* Le jeune homme ravala ses larmes. Je sais que j'ai de la chance d'être en vie. Je suis bouleversé d'être passé si près de la mort. Maintenant, je dois affronter la réalité.

Il s'enfonça encore plus dans la baignoire, essayant d'éloigner les terribles images. Il se mit à pleurer en se rappelant la petite chaussure. Comme il aurait voulu trouver le bébé. D'autres scènes traversaient l'esprit du jeune homme; le sang jaillissait du cou de Monsieur Camden, du verre partout, les édifices rasés, les feux, les corps ensevelis sous les décombres, la fumée et la poussière. Pour quelques-uns des bâtiment, il était difficile de croire qu'il y avait là une maison ou un magasin juste quelques heures avant. La maison où

Rebecca et sa mère vivaient n'avait plus de toit. C'en était trop pour lui, plus qu'il ne pouvait en supporter.

Un coup frappé à la porte le fit sursauter. "Ted, est-ce que çà va?"

"Oui Papa, j'arrive dans une minute." Ted se redressa, tira sur le bouchon, et regarda l'eau couler en tourbillon dans le drain. Il se sécha avec la serviette, puis mit des sous-vêtements propres, un pantalon ,une chemise et un chandail. Il essuya ensuite le miroir couvert de buée avec la serviette et passa un peigne dans ses cheveux noirs ondulés. Il s'arrêta et regarda dans le miroir. Il mit la main à son visage. *Bizarre, je ne me souviens pas de m'être rasé, mais je suppose que j'ai dû le faire.* Il s'aspergea de lotion après rasage, se tapotant le visage avec les mains. Çà faisait du bien. Ensuite, il se brossa les dents, prit ses vêtements sales et ouvrit la porte.

"Çà va mieux, fiston?"

"Oh oui!"

Caroline s'approcha de Ted et prit la brassée de linge. "Je vais mettre ton linge dans la corbeille à linge sale."

"Mais pourquoi veux-tu faire çà?"

"C'est Maman qui me l'a demandé. Elle a préparé ton déjeuner, il est prêt" dit-elle en souriant.

Son assiette sentait bon mais Ted pouvait à peine manger. Il prit une bouchée d'oeufs brouillés mais l'avala péniblement. Cependant le café chaud fut le bienvenu et lui fit du bien. Ensuite, il vint s'asseoir près de ses frères et de sa soeur. "Comment çà va, vous autres?"

Jerry dit précipitamment."Grand-mère tenait Charles parce qu'il pleurait tout le temps et ils regardaient Maman m'aider à descendre l'escalier. Quand tout à coup la maison s'est mise à trembler…les fenêtres se sont brisées. On a eu peur et on ne savait pas ce qui se passait. Madame Boudreau s'est fracturée la jambe et la maîtresse de Caroline est morte et…."

"Tu es entrain de raconter toute l'histoire, Jerry. Laisses-moi raconter ce qui me concerne."

"D'accord, d'accord, maintenant dis-moi ce qui t'es arrivé, Caroline." Ted étendit la main vers Jerry, lui caressa la tête puis il prit Allan sur ses genoux.

"Allan et moi, on était en retard à l'école parce qu'on avait joué avec la petite chienne de Madame Boudreau. Çà me rappelle, pourras-tu m'aider à la retrouver demain matin?"

Ted acquiesca de la tête, en souhaitant qu'elle parlait du chien et non de Madame Boudreau.

"La soeur m'a grondée pour avoir claqué la porte mais je ne l'ai pas claquée, je le jure. Elle m'a poussée sous son bureau et une énorme explosion a brisé toutes les fenêtres. L'instant d'après, on s'est tous retrouvés couverts de morceaux de plâtre et tout le monde avait peur. Au début, je n'ai pas trouvé mon institutrice. Puis je l'ai vue, toute recroquevillée sur le plancher comme une poupée de chiffon et j'ai crié au meurtre! "Caroline prit enfin le temps de respirer profondément.

"Qu'est-il arrivé ensuite?"

"Les filles se sont précipitées vers moi, elles ont aperçu la religieuse et…" De grosses larmes coulèrent sur les joues de Caroline.

Ted s'approcha d'elle. "C'est correct petite soeur, tu ne pouvais rien faire." Pour changer de sujet, il demanda, "Où était Allan?"

"Il était…tous les garçons étaient rassemblés, mais Allan ne pouvait plus entendre. Et il ne peut toujours pas. Penses-tu qu'il le pourra à nouveau?"

"Maman m'a dit qu'il n'était plus capable d'entendre. Je suis sûr que çà va s'arranger d'ici quelques jours. Donnes-lui un peu de temps." Il s'étira et bailla. "En parlant de temps, je suis resté éveillé pendant de longues heures, j'ai besoin de dormir. Vous les enfants, tenez-vous tranquilles, d'accord?"

Il fit glisser Allan de ses genoux et monta dans sa chambre. Il ôta ses chaussures, s'effondra sur son lit, et tira un édredon sur lui.

Dès qu'il mit la tête sur l'oreiller, tous les événements de la journée l'assaillirent mais l'épuisement prit vite le dessus, et il sombra dans un sommeil agité. Il pensait toujours à Rebecca et sa mère. *Je pense qu'ils ont dû emmener Madame Cranston à l'hôpital puisqu'elle était malade, mais Rebecca, que lui est-il arrivé? Où est-elle? J'irai à l'école aujourd'hui pour m'assurer qu'elle va bien.*

Il se rappela le visage du Capitaine Mahoney quand il dit à Ted que la tour de l'horloge avait été détruite. *Monsieur Young et moi, nous avions réparé l'horloge Mercredi. Et maintenant elle n'existe plus.* Une image du passé surgit à sa mémoire. Les horloges avaient toujours exercé une certaine fascination sur Ted depuis qu'il était tout petit, perché sur les genoux de son grand-père. *Grand-papa me laissait tenir sa montre de poche. Je me rappelle encore du bruit lorsque je la mettais à mon oreille. Tick, tick, tick qu'elle faisait, toujours plus vite. Son boîtier était en or et les aiguilles marquant les heures et les minutes étaient noires. Elle avait aussi une trotteuse qui marquait les secondes.* Ted se souvint d'avoir dit à son grand-père que le tic tac de sa montre n'était pas régulier et qu'il devrait la faire réparer. Le vieil homme ignora les inquiétudes du jeune homme, mais deux jours plus tard la montre s'arrêta. Il la fit réparer. Après cela, il écouta les conseils de Ted, du moins en ce qui concernait les horloges et les montres. Ted hérita du précieux objet à la mort de son grand-père.

Quand l'opportunité d'être employé comme apprenti-horloger se présenta, Ted sauta sur l'occasion. Il apprenait vite et travaillait dur. Cela plaisait à Monsieur Young qui était marié mais n'avait pas d'enfants. Il traita Ted comme un fils. Dans la boutique, les horloges et les montres marquaient le temps sur un rythme tranquille auquel Ted s'habitua.

Ted continuait à tousser et à se tourner dans son lit. D'abord d'un côté, puis de l'autre, nerveusement, incapable de trouver une position confortable, essayant de ne pas penser aux scènes d'horreur de ce désastre. Après un moment, il s'assoupit à nouveau. Cette fois, il rêva de son ami Gerald. Un mélange de rêves confus réveilla Ted. Il ne put se rendormir si bien que finalement il se leva et descendit au rez-de-chaussée.

Sa mère lui demanda. "Veux-tu des tartines de pain grillé?"

"Non, merci." Il regarda son père. "Papa, je continue à penser à Gerald Keddy. Tu sais que c'est un mécanicien au moulin du Dominium. J'ai entendu dire que l'endroit a été rasé. Est-ce que tu en sais quelque chose? "

" Non, seulement que presque tout a été détruit sur la rue Barrington."

"J'ai entendu çà moi aussi. Je pense que j'irai voir ce que je peux trouver là-bas mais d'abord, je vais aller à l'école Chebucto. On dit que beaucoup de gens ont été emmenés là-bas et j'espère que Rebecca se trouve là, aussi. A propos, Maman, y-a-t-il quelque chose que je peux faire avant de partir?"

"Non, ton papa et Allan ont fait rentrer du bois pour le poêle, on a donc tout ce qu'il faut. Il va sûrement neiger fort, maintenant. Sois prudent."

Jim déposa sa tasse de café. "As-tu dit l'école Chebucto?"

"Oui, quand j'étais dans le quartier où habite Rebecca, on m'a dit que les gens avaient été presque tous amenés à l'école."

Le visage de son père s'assombrit, "Assieds-toi Ted. Il y a quelque chose que tu dois savoir." Jim hésita puis respira profondément. "L'école a été transformée en morgue, aussi bien que l'aréna avec les corps en attendant leur identification."

"Non! Je croyais qu'on les avaient amenés là-bas pour les mettre à l'abri. Je ne peux pas le croire. Je ne veux pas le croire." Ted se releva péniblement et décrocha son manteau. Je vais y aller aujourd'hui. Elle est vivante. Je le sais. Il le faut

Papa." *L'école,une morgue?* Jamais au grand jamais,Ted aurait
pensé cela.

"J'espère que tu as raison, mon fils. J'espère vraiment
que tu as raison." Jim essuya une larme sur sa joue.

Chapitre 9
Le Sauvetage du Petit Chien

Ted est-ce que tu t'en vas? " demanda Caroline.

"Oui, pourquoi?" Il n'avait pas envie de parler.

"Madame Boudreau est encore à l'hôpital et personne n'a vu son chien. Je veux le retrouver et j'ai besoin de ton aide. Maman ne voudra pas me laisser sortir toute seule, et j'ai peur que le petit chien ne soit blessé.

"Je m'en allais vérifier quelques affaires, mais il neige abondamment. Je suppose que je peux t'aider à chercher le petit chien. Ça ne sera pas long. Peut-être qu'après, la tempête aura cessé." Ted s'arrêta. *Je sais que ma soeur s'inquiète pour le chien et elle a raison, mais on dirait qu'il y a toujours quelque chose qui me retarde. J'ai hâte de rerouver Rebecca et de voir si Gerald va bien.*

"Je vais prendre mon manteau et des mitaines." Quand Caroline décrocha son manteau, il y avait un paquet sur le même porte-manteau. "Qu'est-ce que c'est que ça? Maman, sais-tu ce que c'est?"

"Grand-maman a dit que c'était un cadeau d'avant Noël pour toi."

"Est-ce que je peux l'ouvrir?"

"Demande à Grand-maman".

Caroline trouva sa grand-mère assise sur la chaise berçante, entrain de chanter pour le bébé. "Grand-maman, est-ce que c'est pour moi? Est-ce que je peux l'ouvrir maintenant?"

" Bien sûr, chérie, ouvres-le."

Caroline déchira aussitôt le papier d'emballage coloré et découvrit une longue écharpe de plusieurs couleurs. "Oh Grand-maman, c'est très beau. Merci". Elle serra sa grand-mère et déposa un baiser sur sa joue.

"Je sais que tu as perdu ton chapeau. Je t'avais fait cette écharpe pour Noël, mais le moment est bon pour te la donner. Joyeux Noël, ma chérie."

"Je l'aime, elle me rappelle le manteau de Joseph, dans la Bible. Merci Grand-maman," dit la jeune fille heureuse en l'enroulant autour de sa tête et de son cou. "Elle est parfaite." Et elle lui envoya un baiser en quittant la pièce.

"Allons-y," dit Ted.

"Je suis prête."

Ils ouvrirent la porte et un tourbillon blanc s'engouffra dans la pièce. "Fermez-vite la porte," gronda Maman.

Il n'y avait pas encore trop de neige au sol mais la visibilité était mauvaise à cause des rafales. Ils se rendirent directement chez Madame Boudreau. Caroline avait remarqué le tas de débris à son retour de l'école. La véranda avait été arrachée, laissant voir une partie de la cave et le reste de la structure s'était effondré. Un feu couvait encore sous les poutres. Elle fut ébranlée. *Oh, est-ce possible, et si le petit chien était mort?*

"Ici, Pumpkin. Ici, mon chien," appela Caroline. Ted siffla le chien, mais n'obtint pas de réponse.

"Attends Ted, je crois que j'entends quelque chose."

"C'est le vent." Il siffla à nouveau.

"Chuuu, técoute," dit Caroline en découvrant ses oreilles. "Tu as entendu çà? Je crois que çà vient de là-dessous." Elle indiqua la cave.

Ted n'était pas sûr d'avoir entendu un aboiement, ni même un gémissement mais il suivit sa soeur pour la calmer. Il s'arrêta. "Je l'ai entendu, petite soeur. On dirait qu'il est là-dessous. Attends-moi, juste ici." Il escalada des vitres brisées et autres débris, déplaçant une chaise brisée de son chemin.

"Viens ici, Pumkin, çà va aller," appela Caroline. Elle resta à l'arrière pendant que son frère cherchait le chien.

"Je suis sûr qu'elle est là-dessous, mais je n'arrive pas à rentrer dans la cave. Viens ici, petite soeur, peut-être que tu pourras passer par ce trou."

Caroline s'approcha de son frère et regarda l'étroit passage. "Je ne sais pas si je pourrai moi-même passer par là. Oh, il fait si noir là-dessous. Ici, mon chien, viens-t-en."

Caroline était bien emmitoufflée pour se protéger du froid et de la neige mais elle était trop grosse pour passer par ce petit trou. Elle ôta son gros manteau et son écharpe multicolore.

"Tu vas crever de froid," réprimanda son frère. *Peut-être qu'on pourrait trouver un autre moyen de rentrer dans la cave, pensa-t-il. Et s'il n'était pas vivant? Je ne me le pardonnerais jamais si ma soeur se blessait.* "Attends, ne rentres pas là-dedans, çà pourrait être dangereux. On trouvera un autre moyen."

"Non, je n'aurai pas froid. C'est juste le temps de trouver le chien. Çà va bien aller. J'espère seulement que j'arriverai à temps. Je ne veux pas qu'elle meure de froid." La fillette se faufila dans la cave sombre. Çà faisait peur. Elle avait toujours eu peur de l'obscurité mais elle avait bien l'intention de retrouver le petit chien de sa voisine. *Elle est si mignonne et si gracieuse,* pensa-t-elle, *il faut que je la retrouve.* Elle trébucha sur la patte d'une table renversée, mais reprit son équilibre, et avec prudence chercha dans un recoin. "Je crois que je l'ai trouvée, elle est là. Oh, elle tremble. Ted, lances-moi mon écharpe. Je vais l'emmitouffler avec çà. "

Ted tendit l'écharpe à sa soeur. "Enveloppes-la seulement. Je vais m'approcher."

Caroline prit le petit animal qui frissonnait et le serra sur son coeur, comme sa mère l'aurait fait. Le petit chien lui lécha le visage. "Oh, pauvre chérie, comme tu as dû avoir peur. Tout va bien maintenant. Voilà Ted, arrives-tu à la prendre?"

Ted se coucha sur le ventre et tendit son bras par le trou. Il saisit le petit ballot et le mit à terre. Puis il aida sa soeur à remonter.

Quand Caroline sortit de la cave, elle se pencha sur le pauvre petit chien et le prit dans ses bras. Ted le reprit pendant que Caroline enfilait son manteau. Elle enveloppa le petit chien dans l'écharpe et se dépêcha de renter à la maison. Il y avait des bourrasques et ils étaient gelés jusqu'aux os.

"Qu'est-ce que c'est?" demanda Martha. "Pourquoi n'as-tu pas mis ton écharpe Caroline?"

'Maman, regarde. C'est le petit chien de Madame Boudreau. Elle s'appelle Pumpkin."

"Je suis contente que vous l'ayez trouvée, et je vois pourquoi elle porte ce nom. Elle a la couleur d'une citrouille, n'est-ce pas?"

"Est-ce qu'on peut la garder ici, seulement jusqu'à ce que Madame Boudreau rentre chez elle."

"Je ne sais pas ma chérie, il faudra le demander à ton père, plus tard. Il est entrain de se reposer. On va lui donner à manger et peut-être qu'elle se sentira mieux. Je vais chercher une serviette et tu pourras sécher son pelage."

La petite chienne tremblait. Quand Caroline la mit à terre, elle gémit en essayant de marcher. Ted la prit et examina ses pattes. "Je crois qu'elle a les pattes brûlées ou quelque chose d'autre. Maman, peux-tu jeter un coup d'oeil? "

Martha revint avec une serviette. "Laisses-moi voir", dit elle en prenant le chiot. Elle s'assit sur une chaise, mit le petit animal sur ses genoux et dit. "Allons mon pitou, laisses-moi voir ce qui ne va pas." Ses pattes étaient en mauvais état, fort probablement gelées, ou brûlées par les feux.

"Ted, vas dans la pharmacie, et apportes-moi l'onguent dans le tube beige. Caroline, vas me chercher deux paires de chaussettes blanches du bébé dans la corbeille de linge propre." Martha caressa la tête du petit chien. Il tremblait.

"Le voilà," dit Ted en tendant l'onguent à sa mère.

Caroline lui donna les chaussettes et se baissa vers le petit animal blessé. "Pauvre petit chien citrouille. Ma maman va bien prendre soin de toi, mon pitou." Le bébé chien répondit en léchant la main de Caroline pendant que Martha appliquait l'onguent. Puis, Martha transforma les chaussettes en petits chaussons pour le chiot.

"Il faut que je les attache avec quelque chose, donnes-moi une bobine de fil, chérie."

"Certainement." Caroline prit une bobine de fil de la table de couture. "Est-ce que je peux t'aider?"

"Oui, tiens le petit chien occupé pendant que je les attache. Elle veut les mordre. Elle pense que ce sont des jouets, elle va essayer probablement de les enlever, mais si on arrive à les lui faire garder pour un moment, je suis sûre que ses pattes iront mieux," dit Martha en ajustant les petites chaussettes.

"Elle ne tremble plus et elle est si mignonne avec ses petits chaussons! Peut-être bien que Madame Boudreau devra changer son nom et l'appeler *Bottines*.

"On va essayer de faire manger ce petit bâtard. Elle a sûrement faim depuis tout ce temps." Martha redonna le chien à Caroline et se dirigea vers le garde-manger. Elle revint aussitôt avec quelques craquelins qu'elle écrasa dans un petit bol, puis ajouta un oeuf et enfin un peu de la viande hachée du souper de ce soir-là. Elle y ajouta quelques pois verts pour en faire une quantité suffisante. Quand le tout fut bien mélangé, elle dit, "Gardes-là sur tes genoux, Caroline. Si elle va à terre,elle va sûrement enlever ses bandages."

Caroline prit le plat et l'approcha de la petite chienne. Elle mangea voracement. Quand le plat fut vide, Ted apporta un petit bol d'eau. Le bébé chien le but jusqu'à la dernière goutte. Puis Caroline le garda sur ses genoux pour le faire dormir, bien que çà ne fut pas pour longtemps, car bien vite Gerald arriva en boîtant dans la cuisine avec Allan. Ils furent tout excités en voyant la petite chienne et ne purent attendre pour jouer avec elle.

S'emmitouflant à nouveau, Ted tenta encore une fois d'aller à l'école Chébucto, mais le vent féroce et la neige aveuglante le forcèrent à faire demi-tour après quelques pâtés de maisons. C'est pratiquement le vent qui le transporta jusque chez lui. Vaincu, il enjamba les escaliers et rentra dans la maison, suspendit son manteau et s'assit à la table de la cuisine. On se sentait au chaud et en sécurité à l'intérieur.

"Je vais prendre une tasse de thé, en veux-tu?" demanda Grand-maman.

"Non merci."

Grand-maman posa sa tasse près de son petit fils. "Je suis désolée pour toi, la tempête t'empêche de retrouver tes amis, Ted. Quand ce sera fini, tu pourras y aller. Mais pour l'instant, tu as besoin de te reposer."

"A bien y penser, j'aimerais bien une tasse de thé." Il se pencha et mit sa main sur celle de la femme.

Grand-maman sourit, tapota sa main, puis prit une autre tasse. Elle ajouta du thé dans l'infuseur et le mit dans la tasse avant d'y verser l'eau bouillante de la théière.

Ted entoura la tasse de ses mains pendant que le thé infusait. La chaleur faisait du bien. "Merci, mais je n'ai pas sommeil. Je suis épuisé, mais c'est en partie à cause de l'inquiétude. Grand-maman, si tu avais vu la maison de Rebecca, tu serais inquiète toi aussi. J'espère seulement qu'elles ont pu sortir à temps." Je dois la retrouver. Je dois trouver un moyen.

Chapitre 10

Que S'est-il Passé?

La tempête, qui avait débuté par de petites rafales, s'intensifia. Un vent féroce réduisit la visibilité en faisant tournoyer la neige et en formant des congères. Les gens restaient à l'intérieur s'ils avaient un endroit où demeurer. Il était difficile de se garder au chaud en l'absence de fenêtres et de portes.

Alors que l'on pensait que çà ne pouvait pas être pire, la situation se détériora. Comme le blizzard déchaîné commençait à se calmer le Vendredi, le temps se radoucit mais il y eut ensuite des pluies torrentielles. Bien vite, on eût de la neige fondante jusqu'aux genoux dans les rues qui ressemblaient plus à des rivières qu'à des routes. Les gens utilisaient des portes, des planches, et des boîtes pour empêcher la neige de rentrer à l'intérieur. Tard dans l'après-midi la tempête cessa et le vent tomba.

"Enfin, un répit'," dit Jim en soupirant. Cependant, après quelques heures les conditions changèrent de nouveau, et la température baissa rapidement. Le temps, faisant écho aux évènements, devenait changeant.

"Je suis heureuse que les enfants aient trouvé le chiot avant toute cette neige et cette glace, et je suis contente que Ted ait attendu la fin de la tempête, mais, dis-moi Jim, je ne le sais toujours pas. Qu'est-il arrivé? Je veux dire, est-ce que l'on connait la cause de l'explosion?" demanda Martha.

Jim fit une pause, regardant fixement dans le vide, avant de répondre. "D'après ce que je peux en conclure, deux bateaux sont entrés en collision dans le port. Le bateau de munitions était chargé d'acide picrique et de TNT. Certains disent qu'il contenait plus de deux tonnes d'explosifs. La collision a provoqué un feu qui a enflammé les produits chimiques volatils. Même si l'équipage a tenté de l'éteindre, c'était sans espoir et ils ont reçu l'ordre d'abandonner le navire. La plupart d'entre eux ont embarqué dans les canots de sauvetage et ont ramé jusqu'à Darmouth. Du moins, c'est ce que j'ai entendu dire.

"Merci Mon Dieu! Comme nous sommes chanceux." Martha remplit à nouveau la tasse de thé de son mari.

Jim prit une petite gorgée de la boisson chaude. "Tu as raison, chérie. Malgré tout, il n'y a rien que l'on puisse faire avec ce temps-là. Je me sens impuissant. J'aimerais avoir des nouvelles de Carl et sa famille. On n'a rien entendu dire à leur sujet."

"Je suis d'accord pour que tu ailles voir ton frère, Jim. Mais, je t'en prie, attends que la tempête se calme." Martha se leva et lissa son tablier. "C'est une bénédiction que notre maison soit sécuritaire et que l'on soit tous ensemble. Je voudrais voir comment çà s'est passé pour nos voisins. Peut-être que j'irai voir demain."

Martha ne pouvait pas savoir que lorsque la tempête se calmerait, tout gèlerait bien dur. Dans un sens, c'était bien mieux car çà prendrait plusieurs semaines avant de pouvoir enterrer tous les corps. Si le temps s'était radouci, les autorités auraient été obligées d'enterrer les corps en décomposition dans des fosses communes plutôt que d'attendre de les identifier.

Le vent et le froid traversaient les murs de la maison des O'Neill, même si la chaudière était remplie de charbon et le poêle de la cuisine de bois. Les enfants portaient plusieurs chandails et s'enveloppaient de couvertures.

"Je vais changer tes pansements" suggéra Martha.

"Çà va aller," répondit Jim. "Tu en as suffisamment à faire."

"Mais il faut que je vérifie ces égratignures profondes, celles qui sont couvertes de ouate."

"Si tu insistes, c'est toi l'infirmière." Jim sourit tendrement à son épouse en s'assoyant sur la chaise. Martha retira avec précaution et grand soin chaque pansement.

Certaines coupures guérissaient bien, mais d'autres étaient rouges et irritées par un début d'infection. Martha badigeonna les blessures avec de l'iode.

"Comment va ton oeil, chéri?"

"Il me gène encore mais c'est sûrement mieux qu'avant. Mon bras aussi, j'ai dû seulement me le tordre. La seule chose dont je pourrais me plaindre maintenant, c'est le mal de tête. On dirait que je n'arrive pas à m'en débarasser.

"Çà pourrait prendre du temps, mais s'il persiste après la fin de semaine, essaies de voir le Docteur Munroe. Prends Allan avec toi, il pourrait peut-être vous voir tous les deux."

"C'est une bonne idée. En attendant, as-tu quelque chose que je pourrais prendre?"

"Oui, je vais chercher de l'aspirine."

Tandis que son épouse allait chercher le médicament, Jim luttait contre une impression que quelque chose allait vraiment mal. *Je ne peux pas voir de mon oeil droit maintenant et mon mal de tête est toujours là. L'aspirine diminue la douleur, mais pas pour longtemps. Je crois que je devrais aller voir le Docteur Munroe après-tout.*

Ignorant que son mari ne voyait plus de son oeil droit, Martha pensait que ses maux de tête ne dureraient pas. Elle ignorait aussi l'épouvantable destruction qu'il y avait dehors et elle croyait que la vie continuerait comme d'habitude.

Jim ne voulait pas l'inquiéter, si bien que lui-même, Martha et Ted, passèrent la journée à remettre de l'ordre à l'étage. Ils balayèrent et enlevèrent la poussière, puis ils retransportèrent les matelas à l'étage et firent de nouveau les lits. Mais à part les fenêtres qui avaient été barricadées à la hâte avec des planches, le deuxième étage semblait normal.

Pendant ce temps, en bas, Caroline faisait la lecture aux plus jeunes garçons, parlant fort pour Allan qui entendait un peu mieux chaque jour. Au bout d'un moment, ils jouèrent à, "je pense à une couleur." Afin qu'Allan puisse y participer, ils commencèrent par montrer la couleur, si bien que les gageurs savaient quoi chercher. Çà fonctionna bien et Allan s'adapta rapidement.

Grand-maman prépara le souper et par la suite, étala les morceaux d'un casse-tête sur une table à cartes dans un coin du petit salon. Jerry et Allan assemblèrent quelques morceaux. Bien vite, le pourtour fut complété. A travailler sur un casse-tête, ils ne pensaient plus à la tragédie et pas longtemps après, ils se mirent à rire et à faire des blagues comme ils en avaient l'habitude.

"Oh, Grand-maman, j'avais presque oublié," dit Caroline. "L'exposition artisanale devait se tenir hier. Nos projets devaient être jugés. J'esperais gagner cette année encore. Maintenant, je me demande s'il en reste quelque chose."

"Je sais que tu es déçue, ma chérie, mais il y a des choses bien plus importantes dont il faut s'occuper maintenant. Si ta peinture a été détruite, tu peux en faire une autre. Et la prochaine pourrait même être meilleure."

"Je suppose que tu as raison Grand-maman, je deviens égoïste."

"Non, tu n'es pas égoïste Caroline, tu as seulement treize ans." Elle sourit et serra la jeune fille dans ses bras. "Viens nous aider à faire le casse-tête."

Plus tard, le reste de la famille vint les rejoindre dans le petit salon.

"Ted, si tu nous jouais un morceau? Peut-être que tu penserais moins à compter tes pas sur le plancher" lui suggéra son père.

Le piano droit se tenait contre un mur du petit salon. Ted souleva le couvercle du clavier, prit des partitions dans le banc et commença à jouer. *Je n'ai pas envie de jouer, mais ils aiment çà et, il faut le reconnaître, ce ne sera pas mieux si je continue à broyer du noir.* Comme ses doigts agiles couraient sur les notes, la famille commença visiblement à relaxer. Ted joua, Fûr Elise de Beethoven, le morceau préféré de Martha. Ensuite, il joua une Sonatine puis un menuet de Mozart.

En regardant les partitions, il dit, "j'ai pratiqué Clair de Lune, je vais en jouer une partie." La musique était apaisante et même le mal de tête de Jim semblait diminuer. Alors que d'habitude Ted aimait jouer du piano pour sa famille, ce soir-là, il joua sans émotion. Il était encore engourdi par l'angoisse et l'inquiétude.

La famille se retira de bonne heure ce soir-là, chacun dormant dans sa chambre. Ted resta éveillé étendu dans son lit, presque toute la nuit, pensant à Rebecca et Gerald. Il pria sans arrêt pour qu'ils soient hors de danger.

Le Dimanche, les rues étaient couvertes de glace dure, si bien que la famille décida de ne pas aller à la messe. A la place, ils se rassemblèrent autour de la table de la cuisine pour lire chacun leur tour des passages de la Bible et réciter le chapelet tous ensemble. Quand ils eurent fini, Martha fit des crêpes au sirop d'érable et du bacon pour gâter tout le monde. Pour le reste de la journée, ils travaillèrent sur le casse-tête et parlèrent de l'explosion et comment ils devraient rebâtir leur vie. Ted et Caroline jouèrent des duos sur le piano et Ted joua des morceaux qu'ils pouvaient aussi chanter. Ce fut une pause bienfaisante pour toute la famille.

Chapitre 11

Mon Copain

Le Lundi, le temps changea une fois de plus, mais cette fois pour le mieux. Il ne faisait plus si froid. Le dégel se fit graduellement, libérant les rues et les trottoirs, ou du moins ce qu'il en restait, de la glace, la neige, et des débris.

Ted se rendit à la bijouterie avec l'espoir qu'elle n'avait pas été pillée. Il se sentait responsable parce qu'on la lui avait confiée en cette journée tragique. La peur s'empara de lui quand il trouva la porte non verrouillée, mais fut soulagé quand Monsieur Young vint à la porte.

"Ted, Dieu merci, tu vas bien." Monsieur Young s'approcha pour tendre la main à son apprenti, puis changea d'idée et le serra dans ses bras. "Nous avons entendu parler de l'explosion, mais on n'a pas pu revenir à cause du temps entre autres. Quand j'ai vu tout le sang, j'ai pensé au pire. Racontes-moi ce qui est arrivé?"

Ted raconta comment Monsieur Camden était venu pour sa montre-bracelet, comment l'explosion avait secoué la boutique et l'avait jeté à terre. Il lui parla de la grande amoire renversée et comment il avait essayé de sauver Monsieur Camden sans succès. Les mains de Ted tremblaient.

Monsieur Young dit doucement, "Çà va aller mon garçon. Je suis sûr que tu as fait du mieux que tu pouvais."

"Le sang jaillissait de son cou. Je n'ai pas pu l'arrêter. Je n'ai pas pu le secourir." Les larmes ruisselaient sur les joues de Ted. Gêné, il se moucha avant de continuer. Il dit à Monsieur Young que l'équipe de secours était venue chercher le corps.

" Le Capitaine Mahoney m'avait mis en garde pour les pillards.."

"Je suis content que tout va bien pour toi. Au début, j'ai cru que c'était toi qui avait été tué. Ta famille, çà va, n'est-ce pas?"

"Oui, on a eu de la chance. Le toit de l'aréna est tombé sur papa. Henri l'a sorti de là. Mon père avait plus de cinquante blessures, mais il est vivant et pour çà, nous remercions le ciel."

"Je pense bien. j'espère que ton père va se remettre. Je suis désolé que tu aies été le témoin de la mort tragique de Basil Camden. Je sais que çà a dû être terrible. Je regrette de ne pas avoir été là pour t'épargner cela.

"C'était horrible, et c'est difficile de décrire le sentiment de terreur qui nous a tous envahis."

"Je comprends. Maintenant, qu'est-ce qui t'amène aujourd'hui? Je doute fort qu'on ait quelque client!"

Pour la première fois, un sourire se dessina sur le visage de Ted. "Je sais, je me suis arrêté juste pour voir si tout allait bien ici. Je vais à l'école Chebucto chercher Rebecca et sa mère, puis voir si Gerald va bien. A propos, est-ce qu'on a volé quelque chose?"

"Non, je ne crois pas. On m'a aidé à remettre le présentoir en place. Beaucoup de pièces ont été brisées, mais presque tout est là. J'ai remarqué que tu as mis beaucoup de choses dans l'armoire fermée à clé à l'arrière. Bien pensé."

"J'en suis heureux, au revoir." Ted ouvrit la porte pour sortir.

"Çà ira pour ici maintenant. J'ai des choses à faire pour l'instant, Ted. Si tu vas voir pour Gerald en premier, à ton retour, je t'accompagnerai en voiture à l'école. A pied, c'est assez loin d'ici."

"Non, je veux chercher Rebecca." Il hésita. Mais çà a bien du bon sens d'aller d'abord au moulin. Je vais aller voir Gerald et je m'arrêterai au retour."

Ted se sentait soulagé maintenant que Monsieur Young était de retour. En marchant vers la rue Barrington, il frissonna à la vue des tas de gravats fumants. Le moulin était complètement détruit. Personne ne pouvait lui dire s'il y avait des survivants. Ted était visiblement bouleversé. *Et si Gerald était mort? Et sa soeur? Elle travaillait là elle aussi.* A l'aspect de l'endroit, Ted ne pouvait imaginer comment qui que ce soit aurait pu survivre. *J'aurais mieux fait d'aller voir sa famille, s'il n'y a plus qu'à leur offrir mes condoléances. Seigneur, j'espère qu'il n'est pas venu travailler ce jour-là.* Ted savait qu'il était improbable que Gerald manque son travail.

Le bac de Darmouth fonctionnait et Ted n'attendit pas longtemps avant que le signal sonore pour l'embarquement se fit entendre.

Il s'assit, regarda vers la mer. L'air salin faisait un agréable changement avec l'odeur âcre des feux. Il se sentit triste et se demanda comment la famille de Gerald réagirait en apprenant ces mauvaises nouvelles. Ted et Gerald étaient de très bons amis depuis longtemps. Ils s'étaient rencontrés un été quand ils avaient tous les deux dix ans et avaient été les meilleurs copains depuis ce temps-là.

Ted se souvint que Gerald les avait aidés, lui et son père, à bâtir leur maison d'été au sommet d'une colline, avec vue sur l'anse. Papa nous appelait ses apporteurs. Apportes-moi ceci, apportes-moi cela, donnes-moi la scie, prends ce morceau de bois. Très inventif, mon père oublia un jour son fil à plomb, ou plutôt, j'avais oublié de le remettre dans le coffre à outils. Il trouva une petite bouteille, attacha une ficelle autour de son goulot, il la remplit d'eau à moitié, et voilà un fil à plomb. Ça marchait bien. Avec l'aide de quelques papas de nos amis, ce ne fut pas long avant qu'on vienne y passer l'été. On l'aimait tous. Maman l'appelait Summerhill et çà lui allait bien. Le cottage était grand et comprenait plusieurs chambres. On était tous d'accord pour dire que la véranda, qui entourait tout le rez-de-chaussée, était la meilleure place. Par les nuits chaudes de l'été, la famille dormait là; çà c'était si les moustiques ne nous en chassaient pas. Pendant la journée, il y avait toujours une petite brise et la vue était exceptionnelle.

Un bambin se traîna vers le banc près de Ted détournant son attention pour un instant. Il se poussa pour laisser de la place à la maman de l'enfant. Les yeux fixés sur l'eau, regardant le sillage du bateau, Ted se remit à penser à Rebecca. Non, je ne dois pas penser à elle maintenant, je suis trop émotif. J'ai peur qu'elle ne soit blessée et je me sens coupable de ne pas l'avoir trouvée dès le premier jour. Mais là, je suis venu voir la famile de Gerald. Je dois penser à des moments plus agréables.

Avec un sourire, Ted se rappela le cadeau qu'il avait fait à Gerald pour ses quatorze ans. Ted avait un ami dont l'oncle travaillait pour la compagnie Canadienne des Explosifs et il avait donné à Ted une bonne quantité de cartouches de fusil de chasse. Ted les mit dans une petite boîte en bois, puis dans une plus grande boîte, puis dans une autre plus grande encore. Il les ferma l'une après l'autre avec des clous. Ted et Allan apportèrent le paquet à Gerald qui était entrain d'empiler des balles de foin dans le grenier. Il faisait chaud ce jour-là et le foin sentait bon.

"Voici pour toi," dit Ted, tendant la boîte à Gerald.

"Qu'est-ce que c'est?" demanda son ami.

"C'est ton cadeau d'anniversaire," Allan avait un air suffisant.

Gerald descendit du grenier. Il essaya d'ouvrir la boîte, secoua la tête, prit un petit pied de biche dans la remise à outils et enleva les clous du couvercle. Il rit quand il vit une autre boîte à l'intérieur. "Hey, c'est quoi cette farce de malade?"

"On voulait juste protéger ton cadeau," dit Ted.

Quand toutes les boîtes furent ouvertes, on arriva au paquet de cartouches. "Wow!" Gerald se gratta la tête. A quoi est-ce que l'on pourra les utiliser? Au tir à la cible?"

"Sûrement, tu pourrais t'entraîner à la cible avec çà, mais j'ai une meilleure idée." Ted chuchota quelque chose à l'oreille de son ami.

"Pas question, tu me fais marcher?"

"Écoutes, connais-tu quelqu'un qui est debout à minuit? Il n'arrivera rien de mal, tu verras."

"D'accord, mais d'abord aides-moi pour le foin."

Ted envoya les balles de foin à Gerald qui les empila dans le grenier. Quand ils eurent fini, Ted agrippa le jeune Allan par le siège de son pantalon et le lança à Gerald. "Et voilà la dernière, attrappes!"

"Wow, je vole!" s'écria le petit garçon.

"Il aime çà, je te le renvoie." A ce moment-là, le fond du pantalon d'Allan s'ouvrit, complètement déchiré.

Allan se renfrogna et une larme coula sur sa joue. "Maman, va être furieuse!"

"Attends, attends, on va t'arranger çà," dit Ted en allant vers l'atelier. Il trouva une grosse aiguille et un gros fil qu'on utilisait pour réparer les harnais de cuir. Le fait que les culottes de Allan soient bleu pâle ne dérangeait pas Ted qui enfila l'aiguille avec du fil noir et se mit à coudre le pantalon de son frère. "Il est comme neuf."

"Qu'est-ce qu'on va dire à maman?"

"La vérité. Je vais lui dire que je t'ai rattrapé juste à temps alors que tu tombais du grenier et que tes culottes se sont alors déchirées. Elle sera heureuse que je t'aie sauvé. Viens-t-en mon pote, au-revoir Gerald, à ce soir. N'oublies-pas, prépare les chevaux."

Un peu avant minuit, Ted se glissa hors du lit et quitta la maison sans bruit. Il parcourut rapidement le demi-mile qui le séparait de la maison de son ami. Gerald l'attendait à la grille avec les chevaux et deux fusils de chasse.

Quelque temps après, Caroline lui raconta qu'elle avait rêvé aux feux d'artifices qu'ils avaient vu peu de temps avant. Çà l'avait effrayée et elle avait bondi hors de son lit, attrapé sa robe de chambre et couru vers la chambre de ses parents. Son père était entrain de remonter ses bretelles d'une main et tenait un pistolet de l'autre.

"J'ai hurlé. Papa! Qu'est-ce que c'est?" Il m'a dit de rester là et s'est précipité dehors. Au début, j'ai cru qu'on était attaqués et j'ai couru vers Maman. Elle m'a dit que je pouvais rentrer dans son grand lit. Elle est allée voir dans la chambre des garçons. Ils dormaient tous, sauf toi. Tu n'étais pas là. Maman est allée voir sur la véranda, tu n'étais pas là non plus. Elle m'a dit qu'elle ne pouvait pas se rappeler si tu étais sorti avec Papa ou non. Alors, on s'est mis à prier ensemble pour que tout se passe bien. On était bien nerveuses. Il s'est passé un bon moment avant que papa ne revienne. Après çà, on s'est levés et on a pris un café chaud."

"Qu'est-ce que c'est," a demandé Martha.

"Je ne suis pas sûr. On dit que c'est une bande qui a traversé la ville à cheval en criant et en faisant feu partout, faisant beaucoup de bruit. Ils n'ont rien touché. Je pense qu'ils ont voulu juste nous faire peur."

"Est-ce que l'on sait qui c'était?"

"Non, mais j'ai un pressentiment." Il regarda autour de lui. "Où est Ted?"

"Je ne sais pas, chéri, je croyais qu'il était avec toi."

"Tu veux dire qu'il n'est pas à la maison?"

Caroline s'était rappelée soudain qu'Allan avait parlé d'une boîte de munitions qu'ils avaient eue pour Gerald. Mais elle pinça les lèvres et ne dit mot.

"Je ne voulais pas que tu aies des ennuis," dit Caroline à Ted.

"Eh bien, j'ai eu un paquet d'ennuis. On voulait seulement s'amuser un peu. On ne voulait faire de mal à personne. Tu te rappelles combien de bois j'ai coupé et empilé pendant les quelques semaines qui ont suvi? C'était ma punition. Pourquoi aurait-on eu besoin d'autant de bois, pour affronter un blizzard en été? On n'en avait pas besoin."

Le ferry traversait le bassin de Bedford à grand bruit. Le son de la sirène fit revenir Ted à la réalité. Ils approchaient de Darmouth. Comme ils arrivaient à la fin du trajet et dans les passages étroits, Ted aperçut l'île Glassy. La ferme des Keddy était située juste au sommet de la colline, la grange sur la droite, puis la maison.

Ted se leva, arrangea son manteau et ajusta son chapeau alors que le ferry s'apprêtait à accoster. Il descendit la rampe d'accès et se dirigea vers la ferme. Plus il avançait avec réticence à travers le village et montait le chemin si familier, plus il avait de l'appréhension. L'explosion ne semblait pas avoir provoqué de dommages sur la colline. Tout semblait normal. *Et si seulement çà pouvait être vrai. Et si? Et si?*

Ted donna un coup de pied sur une roche en s'approchant de la maison et hésita avant de frapper doucement à la porte de la cuisine. Il baissa les yeux, ses mains tremblaient. Une sueur froide lui parcourut le cou, et il eut envie de repartir en courant. Au lieu de cela, il respira profondément. Quelqu'un s'approchait de la porte. Elle s'ouvrit. Ted était stupéfait, c'était Gerald.

Ted ouvrit la bouche pour le saluer, puis il lui sauta dans les bras, l'étreignant comme un ours pendant que ses yeux se remplissaient de larmes.

"Salut vieille branche, tu t'en es sorti."

Gerald l'étreignit à son tour. "Et toi? Tu ne sembles pas si pire."

"Je pense que je suis le gars le plus chanceux dans Halifax, après toi." Ted essuya ses sourcils humides avec son mouchoir. "Mon vieux, j'ai vraiment cru que tu étais mort."

"Ma soeur ne s'en est pas sortie'.'

"Oh, non!"

"Ce fut terrible. La plupart ont été tués dans l'usine. Il n'y a que quelques survivants. J'ai cherché ma soeur sans relâche, mais je n'ai pas pu la trouver. La nuit dernière, mes parents ont été informés qu'on avait trouvé les corps de plusieurs filles. Papa a identifié Mary."

"Je suis désolé. Quel épouvantable destin pour une si belle fille. Oh, c'est le comble!" Ted n'en était pas surpris. Il avait vu le moulin, et, à vrai dire, ne s'attendait à voir aucun survivant. "Oh Gerald, puis-je voir tes parents, leur dire combien je suis désolé."

Ted suivit Gerald à la cuisine. Ses parents se tenaient près de la table recouverte d'une toile cirée. Il était évident que Madame Keddy avait pleuré. Elle se leva lorsque Ted entra, le serra dans ses bras et éclata en sanglots. Ted l'embrassa et leur dit à tous deux combien il était désolé. Çà semblait étrange car il y avait toujours tant de rires chez les Keddy.

Ils lui offrirent du gâteau et du café. Il resta un petit moment même s'il n'avait pas grand chose à dire. Qu'aurait-il pu dire à une famille qui venait de perdre sa seule fille?

Il s'en alla en promettant de revenir bientôt et attendit le ferry pour rentrer à Halifax. Il s'attendait à devoir exprimer ses condoléances aux Keddy pour la mort de Gerald, mais son meilleur ami était sain et sauf. Il savait que sa famille s'en réjouirait. Cependant, la soeur de Gerald avait été tuée. Çà n'avait pas de sens.

Chapitre 12

Rebecca

Cette fois, au lieu de s'asseoir sur un banc du ferry, Ted resta debout, regardant sans vraiment les voir le sillage du bateau ou les autres passagers. *Rebecca. Est-ce possible qu'elle ait eu la même chance? Je l'aime tant. Je me demande pourquoi je n'ai jamais eu le courage de le lui dire. Je t'en prie reste en vie, mon amour.* Ted envoya un baiser dans le vent.

Très vite, le ferry accosta dans le port de Halifax. Le vent violent traversait le manteau de Ted. Il remonta son col, abaissa son chapeau, traversa péniblement le quartier dévasté et grimpa la colline vers le magasin de réparation de bijoux.

"Ted, je commençais à m'inquiéter," dit Monsieur Young. "As-tu trouvé Gerald? Est-ce qu'il va bien?"

"Oui, il va bien. Mais sa soeur a été tuée dans l'explosion et ses parents sont fous de douleur. Je ne savais pas quoi leur dire."

"Je suis vraiment désolé. Mon épouse et moi nous irons les voir demain." Monsieur Young prit son chapeau et son manteau. "Viens-t-en, je vais te conduire à l'école".

Sur le chemin, ils virent les dommages, parlèrent des causes de l'explosion et du travail que ça prendrait pour reconstruire. Ils arrivèrent bientôt à l'école. Ted ne savait pas trop à quoi s'attendre. Il espérait que ce n'était pas seulement les morts qui étaient emmenés là, que peut-être certains étaient blessés et qu'on les aidait. Il hésita puis dit: "Je ne sais pas si je vais tenir le coup."

Monsieur Young arrêta le moteur. "Je vais venir avec toi, Ted. Il faut que tu saches, d'une façon ou d'une autre."

Ted se redressa. "C'est correct, je vais y aller tout seul. Et je vais rentrer à pied à la maison. Merci pour le trajet en voiture."

"Tu es sûr?" demanda Monsieur Young. Il sentit que Ted aurait besoin d'être seul.

Ted acquiesça, ferma la porte de la voiture et s'en alla. Il respira profondément et ouvrit la porte de l'école. Les corps étaient étendus le long du corridor, comme à l'aréna. La tête de Ted renoua avec l'odeur de chair brûlée en putréfaction. Il s'agrippa à une chaise le long du comptoir.

Un vieux monsieur lui demanda: "Puis-je vous aider?"

"Mon amie et sa mère…leur maison s'est effondrée et l'équipe au travail m'a dit que je pourrais les trouver ici."

"Quel est leur nom?" demanda l'homme en prenant son bloc-notes.

"Cranston."

"Voyons voir…Cranston. Les prénoms?"

"Rebecca, et je crois que sa mère s'appelle Harriet."

L'homme parcourut la liste avec son index. "Les voilà. M'avez-vous dit que vous êtes un parent?"

"Non, un ami. Elles n'ont pas de parents ici. Madame Cranston a de la famille à Moncton."

"Connaissez-vous leurs noms et adresses pour qu'on puisse les informer?"

"Oui, Sullivan. John et Joséphine Sullivan et ils ont une fille,Cheryl. Je ne connais pas la rue, je sais seulement qu'ils habitent Moncton."

"Merci, çà va nous aider."

"Excusez-moi, s'il vous plait. Est-ce que les Cranston sont en vie?"

"Pardonnez-moi. J'ai travaillé pendant des heures. On a dû d'abord réparer les fenêtres et les dommages à la structure avant qu'une procession de chariots et de traîneaux nous apporte les corps. Les soldats ont eu la tâche d'identifier les victimes quand cela était possible et d'y attacher des cartons numérotés avec l'information disponible avant de recouvrir les corps avec des draps."

Il regarda de nouveau son bloc-notes. "Harriet Cranston est décédée à son arrivée et sa fille a été transportée à l'hôpital Mont Olivet. Pensez-vous pouvoir identifier la femme pour moi?"

Ted recula. "J'aimerais mieux pas mais je pourrais vous décrire Madame Cranston. Elle était plutôt maigre, malade de la tuberculose. Elle avait les cheveux noirs avec des mèches grises."

"Merci."

Ted avait hâte de sortir. Il salua l'homme et s'en alla rapidement. Il dansait presque sur le chemin de l'hôpital, glissant sur les plaques de glace. "Elle est vivante! Elle est vivante! Merci Mon Dieu."

La lumière du jour baissa rapidement, le temps que Ted arrive à l'hôpital qui semblait n'avoir subi que des dommages mineurs. L'intérieur de l'hôpital grouillait d'activité comme une ruche. Des docteurs, des infirmières, des pompiers et des bénévoles se bousculaient, certains poussant des civières ou des chaises roulantes, d'autres essayant simplement de consoler ceux qui souffraient, soit de blessures, soit de chocs émotionnels causés par la perte d'êtres chers.

Ted s'approcha du comptoir de réception. "Je cherche Rebecca Cranston," dit-il à la bénévole en service. Elle fouilla dans une longue liste avant de trouver enfin le nom.

"Êtes-vous un parent?"

"Non Madame, je n'en suis pas. Sa mère est décédée et elle n'a personne d'autre ici. Rebecca est ma petite amie."

"La jeune fille est à l'unité des soins intensifs. Vous devez donc vous adresser à l'infirmière à ce poste. C'est au deuxième étage." Elle indiqua la cage d'escaliers.

Ted grimpa les marches deux à la fois. Il avait hâte de voir sa bien-aimée. Quand il arriva à l'unité des soins intensifs, il hésita jusqu'à ce qu'une infirmière lui demande s'il avait besoin d'aide.

"Je cherche ma petite amie, Rebecca Cranston. On m'a dit que je pourrais la trouver ici."

"Je suis désolée" dit l'infirmière," seules les personnes de la famille immédiate ont le droit de visite sur cet étage." Elle s'apprêtait à partir.

"Mais vous ne comprenez pas," dit Ted,en avalant le noeud qui venait de lui serrer la gorge. "Elle n'a pas de famille. Sa mère est morte. Je dois la voir. Je vous en prie, il le faut."

"Elle est inconsciente."

"Je ne savais pas." Ted fit une pause.

"Pensez-vous que je peux la voir quand-même?"

"Je ne devrais pas. Cependant, vu les circonstances... suivez-moi." Elle le guida vers un long corridor.

"Même si elle est dans le coma, je pense qu'il est important de lui parler, parce qu'elle pourrait très bien vous entendre. S'il vous plait," avertit-elle, "ne lui dites pas que sa mère est morte. Il n'est pas nécessaire qu'elle le sache tout de suite. Parlez-lui comme d'habitude."

"Je comprends."

L'infirmière ouvrit la porte de la chambre de Rebecca. Au premier abord, Ted pensa qu'il n'était pas dans la bonne chambre parce que la personne qui était dans le lit ne ressemblait pas du tout à Rebecca. Son visage était enflé et entourré de pansements. Il allait s'en aller quand il aperçut le noir brillant des cheveux de Rebecca. Il avait le coeur serré et la gorge nouée quand il s'approcha du lit.

L'infirmère parla la première. "Rebecca, vous avez un visiteur."

Ted déglutit. "Rebecca, c'est moi, Ted." Il aurait voulu crier quand il vit son visage meurtri et méconnaissable. Ses yeux étaient fermés et le dessus de sa tête couvert de pansements. Son bras gauche était enveloppé de gaze. En s'approchant de son lit, il dit à nouveau, "Rebecca, est-ce que tu m'entends?"

Même si elle n'ouvrit pas les yeux, la jeune fille s'agita.

"J'ai vu ta mère." Il ne pouvait pas et ne voulait pas lui dire que sa mère était morte, mais il savait qu'elle s'en inquiétait. Ensuite, il lui dit que sa famille allait bien, ce qu'on pensait qui était arrivé, et combien d'immeubles avaient été détruits. "Je suis heureux que tu soies en vie, j'étais si inquiet. Peux-tu ouvrir tes yeux, peux-tu m'entendre?" Il prit sa main et elle s'ouvrit comme pour inciter Ted à la tenir. Il se pencha, posa ses lèvres sur ses doigts et dit, "Rebecca, je t'aime."

Un frisson parcourut la jeune femme blessée. L'infirmière qui était à côté s'en aperçut. Elle prit son stétoscope et le mit sur le coeur de Rebecca. Elle écouta pendant un long moment puis regarda l'heure à sa montre. Elle hocha la tête.

Ted put sentir la main douce de Rebecca devenir toute molle, et il comprit. Oui, il comprit. Il ne voulait pas le croire même si c'était la réalité. Son cher amour l'avait quitté, parti à l'instant même.

Le docteur entra dans la chambre, regarda dans les yeux de la patiente et chercha son pouls. Il hocha la tête et murmura, "je suis vraiment désolé."

Chapitre 13

Tant de Chagrin

E lle n'avait jamais fait de mal à personne. Pourquoi devait-elle mourir?" demandait Ted, anéanti par la douleur en se traînant jusqu'à la maison. "Çà ne se peut pas." Il donna des coups de pied dans un tas de débris sur le côté de la route puis hurla tous les blasphèmes qu'il connaissait. "Elle ne méritait pas de mourir, c'était une si bonne personne."

Assis dans la cuisine, Jim O'Neill n'eut pas à poser de questions quand il vit Ted entrer, il comprit, en regardant son fils, que les nouvelles n'étaient pas bonnes. Jim s'approcha de lui en lui tendant les bras. Ted sanglota dans les bras de son père puis essuya ses larmes et s'assit à table. Jim alla au garde-manger, ouvrit une armoire et sortit une bouteille de whisky; puis il prit deux petits verres sur l'étagère et les remplit. "Tiens mon fils, bois çà."

Ted était surpris mais trop angoissé pour dire quoique ce soit. Il regarda le verre sur la table. Il avait entendu parler de gens qui noyaient leur chagrin dans l'alcool bien que lui et Gerald avaient partagé une bière, une fois. Ils n'avaient pas aimé le goût et avaient trouvé que çà sentait la mouffette. "Comment peut-on boire une ordure pareille?" avaient-ils commenté, mais ils l'avaient bue quand même. *Est-ce que çà marche?* pensa-t-il en prenant lentement le verre. Il huma le liquide noir avant d'en prendre une gorgée. "Pouah," il eut un frisson.

"Non, mon garçon, avales-le d'un seul coup," dit son père doucement. "Comme ceci." Jim but le whisky.

"Vraiment, tu en es sûr?" Ted reprit le verre et cette fois fit comme son père. Ses yeux se remplirent d'eau et le liquide le brûla tout le long de sa gorge jusqu'à son estomac. Très vite, il sentit ses nerfs se détendre.

"Tu veux en parler?" demanda son père.

"Rebecca, elle est morte. Sa mère est morte aussi."

"C'était des gens charmants, Rebecca et sa mère. Oh Ted, je suis vraiment désolé. Madame Cranston était gravement malade, on doit se dire qu'elle ne souffre plus."

Ted inclina la tête. "Mais Rebecca? Elle n'était pas malade."

"Çà c'est plus difficile, je n'ai pas de réponse. Tout ce que je peux dire, c'est qu'elle ne sera plus jamais malade, n'aura plus jamais de mal ou le chagrin de perdre un être cher. Et tu sais, elle doit être au paradis."

"Et pour nous tous alors? Et moi? J'aimais Rebecca. Je sais que Maman et Grand-maman et les enfants l'aimaient. Toi aussi. Qu'en est-il de nous? Pourquoi devons-nous souffrir?" Ted se leva et arpenta la pièce.

"Je suis désolé, mon fils, je ne sais pas."

Ted se rassit et leva la main. "Je sais Papa. C'est correct. Tu souffres toi aussi, et je suis là à te retenir éveillé toute la nuit."

Ted était conscient que son père avait enduré ses propres blessures et avait encore des maux de tête continuellement.

"Allons nous coucher. Demain, nous verrons si l'oncle Carl va bien. D'accord?"

"Merci. Tu es vraiment un grand réconfort pour ton père et j'ai essayé de te réconforter moi aussi."

"Papa, tu le fais toujours. Tu sembles avoir les mots justes à chaque fois. Tout ceci est difficile maintenant, mais je sais que je ne suis pas le seul à souffrir. Pauvre Madame Camden, plus de mari, et ces petits enfants sans papa. Ils doivent être effrayés."

Son père se leva. "Oui, allons nous coucher, nous avons une longue marche à faire demain."

Le Mardi, Ted et son père parcoururent à pied les trois miles jusqu'à Richmond à la recherche de Carl et de sa famille. La glace avait fondu si bien que le sol était mou sous leurs pas. Ils marchaient péniblement, contournant les tas de cendres et de gravats, extrêmement conscients du peu de gens qu'il y avait dans le quartier des affaires de la ville. Pendant un moment, ils ne virent personne. C'était étrangement calme. Le quartier ressemblait à une zone de guerre, dévasté.

Les mâchoires de Jim se raidirent. Il serra les dents et les poings. Son corps entier devint rigide, s'armant de courage pour ce qu'il redoutait qu'il arrive. "Oh Seigneur Miséricordieux, j'espère que ce n'est pas comme çà chez Carl."

Ils dépassèrent l'école élémentaire Saint Joseph, un tas de briques et de pupîtres brisés. "Je ne peux pas le croire," dit-il. "L'école n'est plus qu'un tas de poussière. Où sont les enfants et les enseignants?" Il ne restait que la plaque commémorative avec la date, pour rappeler ce qui avait existé là. A la porte suivante, la droguerie était intacte. Jim la pointa du doigt. "Comprends-tu çà?"

"C'est incroyable," s'exclama Ted retrouvant un peu d'espoir. "Peut-être que l'oncle Carl a eu de la chance lui aussi." Le magasin de bonbons était détruit et il y avait plus de maisons et de boutiques rasées qu'il n'en restait debout. "Il y a plus d'immeubles détruits que je ne pensais, ici. Cela me rappelle une photo que j'ai vue de la guerre en France."

Comme ils approchaient de Summer Street, Ted remarqua le regard vitreux de son père. "Cest terrible, Papa. C'est encore pire que du côté ouest où j'étais Jeudi. Mais, regardes par ici!" dit Ted en pointant du doigt, et ils poussèrent un soupir de soulagement en voyant une, deux puis trois maisons encore debout. Le soupir fut très court cependant car, lorsqu'ils arrivèrent chez Carl, il n'y avait plus que des volutes de fumée s'échappant des ruines. Tout avait pris une couleur grise.

"Oh, Mon Dieu, non!" sanglota Jim.

Mais Papa, on ne sait pas s'ils ont pu sortir. On va demander à ces ouvriers." Ted montra les travailleurs. Il n'avait jamais vu son père pleurer, même lorsque ses propres parents étaient décédés. Ted avait le coeur brisé pour lui. Il savait ce que son père ressentait.

Six ouvriers, tous avec des pelles, creusaient, pouce par pouce dans les cendres humides et les jetaient dans les brouettes.

"Savez-vous où sont les gens?" demanda Jim.

"Nenni. Je ne sais pas. Peut-être que Vinnie le sait. Hé, Vinnie."

L'homme qui s'appelait Vinnie les regarda. "Je ne suis pas sûr; je crois qu'ils sont tous morts."

Ted s'exclama en pointant l'endroit où se tenait jadis la maison de son oncle. "Que savez-vous sur les habitants de cette maison?"

"Je n'en sais rien." Il envoya une autre pelletée de cendres dans la brouette.

"Savez-vous où ils ont emmené les corps?" demanda Jim en essayant de respirer profondément, les bras serrés autour de sa poitrine.

"A Sainte Marie ou à la morgue."

En entendant cela, Jim recula d'un pas et faillit s'effondrer.

Ted attrapa son père par le bras pour le soutenir. "Allons d'abord à l'hôpital Papa, ils sont peut-être blessés. Viens-t-en."

Ils ne dirent pas un seul mot en chemin, chacun plongé dans ses propres pensées.

Ted pensait à ses cousins John et Kenneth. Ils avaient le même âge que ses frères Jerry et Allan. Il s'inquiétait pour son oncle et sa tante Liz et le nouveau-né. *C'était une petite fille, mais je ne l'ai pas encore connue. D'après l'état de leur maison, je ne vois pas comment ils auraient pu survivre. Mais jusque là, personne n'était décédé dans la famille.* Il secoua la tête pour se libérer de ses pensées. *Je ne dois pas penser de cette façon. Je sais que quelques uns ont survécu, même si cela semble impossible pour eux.*

Ted se souvint que lorsqu'il avait aidé à sortir les corps des décombres, ils avaient tout à coup trouvé une personne vivante. On ne pouvait comprendre pourquoi certains étaient morts et d'autres avaient survécu. "Ainsi, pourquoi Rebecca?"

Les morts étaient alignés le long des trottoirs, de la même façon qu'à l'aréna ou à l'école. Que c'était triste de voir arriver les proches parents. Beaucoup étaient eux-mêmes blessés ou en état de choc, espérant contre tout espoir que leurs chers parents ne se trouvaient pas sur le trottoir, enveloppés comme les autres dans des linceuls. Il était difficile de donner un sens à tout cela. Ted mit la main sur l'épaule de son père, comme pour confirmer qu'ils étaient tous les deux des survivants.

L'hôpital Sainte Marie était situé sept pâtés de maisons plus haut. Jim penchait de plus en plus la tête à mesure qu'ils approchaient du complexe médical. A bout de souffle, il haletait. "Je dois m'arrêter un peu." Il s'assit sur une marche de granit qui donnait accès à un immeuble qui n'éxistait plus.

"Est-ce que çà va?" Ted s'inquiétait. Son père n'était pas du genre à faiblir. Il avait toujours été l'homme fort dans la famille.

"Juste un petit moment, je veux juste reprendre mon souffle. Entre le spectacle de la maison de mon frère et ce mal de tête lancinant, eh bien, je me sens terrassé.

Quelques minutes après, Jim se leva. Ted passa son bras sous celui de son père et ils entrèrent dans l'hôpital. Une odeur prédominante d'antiseptique et d'autre chose que Ted ne put identifier y régnait. *J'espère que je vais tenir le coup.* Ils s'approchèrent de la réception et demandèrent des nouvelles de Carl, sa femme et ses enfants.

La réceptionniste sortit un bloc-note et parcourut la liste un nom après l'autre. Il sembla à Ted qu'ils attendaient là depuis une éternité avant qu'elle ne parle. "Juste un moment. S'il vous plaît attendez." Elle se leva et frappa doucement à une porte derrière elle.

Aussitôt, une femme habillée de blanc apparut, inclina la tête quand la réceptionniste lui parla, puis s'approcha des deux hommes. "Bonjour, je m'appelle Myrta Jones." Elle serra la main à Jim et Ted. "Comment puis-je vous aider?" Elle semblait tendue, mais une certaine chaleur émanait d'elle.

Jim lui parla de la famille de son frère et de l'endroit qu'ils habitaient.

"Il y en a tellement qui sont morts.'. Elle regarda sa liste. "Je suis tellement désolée de devoir vous le dire, mais il est indiqué qu'on a recouvert les corps de Carl O'Neill, d'une femme présumément son épouse, et d'un garçon."

Le visage de Jim tourna au gris. Ted passa de nouveau son bras autour de son père pour le soutenir. Ils regardaient le plancher tous les deux cherchant une réponse ou du moins une raison à ce cauchemar.

Chapitre 14

Un Tout Petit Miracle

Quelquefois, lorsque l'on a l'impression de se trouver dans la plus profonde noirceur, apparaît un point lumineux, un arc en ciel. "Un survivant a été retiré de cette maison. Y-avait-il un bébé dans la famille?" demanda l'infirmière.

Le visage de Jim s'éclaira et sa voix trahissait une lueur d'espoir. "Oui, ils avaient une fille âgée de trois mois environ."

"Bien, il semble que cette enfant a justement environ le même âge et que c'est une fille."

"Çà doit être la petite Marie Elizabeth. Est-ce qu'elle va bien?"

"Oui, elle a l'air bien. Je vais vous conduire à la pouponnière."

Jim leva la main. "Mais attendez. Ils avaient un deuxième fils âgé de six ans."

Madame Jones regarda la liste de nouveau. "Non, sur la liste, il y a seulement un homme âgé d'un peu plus de trente ans et un femme dans la vingtaine avancée, et un jeune garçon, probablement autour de neuf ans."

"Papa, penses-tu que Kenneth était à l'école?" En s'en venant, ils avaient vu le tas de briques à la place de l'école Saint Joseph, Ted s'était demandé si son cousin s'y était rendu ce jour-là. Et maintenant il le savait. La plupart, comme Kenneth, étaient là. "Y-avait-il des survivants à l'école élémentaire?"

"Je n'en suis pas sûre" dit Madame Jones compatissante. "Nous n'avons pas encore ces listes."

"Pouvez-vous me dire où ils ont emmené les corps?"

"Bien sûr." Elle regarda la liste. "Ils les ont emmenés à l'école Chebucto. Vous pourriez demander là-bas. Allez voir."

"J'étais là-bas," dit Ted. Si seulement il avait su. Il aurait pu identifier son oncle, sa tante et ses cousins. *Pauvre*

Papa, il doit maintenant traverser cette nouvelle épreuve. Il ne se sent pas bien. Les maux de tête n'ont pas cessé. Il n'y a donc pas de fin à ce cauchemar?

"Merci, on ira voir." Jim ne savait pas que Ted était allé voir à l'école Chebucto après qu'il lui eut dit à quoi elle avait servi.

"Souhaitez-vous voir le bébé? La pouponnière est par ici." Elle leur indiqua le corridor.

Ted et Jim respirèrent profondément, se regardèrent, puis, ensemble, firent signe que oui.

"Papa, je suis content que le bébé soit en vie, mais je me sens très triste pour l'oncle Carl, tante Liz et mes cousins. Ce n'est pas juste." Ted avait l'impression qu'il tournait une scène au cinéma. Cela ne lui semblait pas réel et il était difficile de croire qu'ils étaient réellement morts. Morts comme Monsieur Camden, comme la dame dans la rue, comme ma Rebecca et sa mère ou la soeur de Gerald. Sa gorge laissa échapper un sanglot.

"'Je n'aurais jamais dû crier après Carl," dit Jim en se tordant les mains de désespoir.

" Crier après lui?"

Un demi-sourire passa sur le visage de Jim. Tu sais, il en était fatigant. Il commençait des projets mais n'en finissait jamais un seul."

"Quels projets?"

"Comme la fois où je l'ai pris comme apprenti pour fabriquer une armoire de rangement. Carl m'empruntait souvent mon marteau, mon tournevis ou mon niveau. Il ne les rapportait jamais. Çà ne me dérangeait pas qu'il utilise mes affaires, mais j'aime que mes outils soient à leur place."

"Et qu'est-ce que tu as fait?" reprit Ted. C'était un côté du caractère de son père dont il n'avait jamais entendu parler. D'habitude son père était facile à vivre et d'humeur égale.

"Je me suis mis en colère, j'ai crié et je l'ai maudit".

Ted rit, mais son rire fusa si soudainement qu'ils se mirent tous deux à rire. "Qu'est-ce que l'oncle Carl a fait ensuite?"

"Il s'est excusé et a promis de les remettre à leur place mais ne l'a jamais fait. Il avait un grand coeur cependant. Toujours entrain de rire. Pas la moindre méchanceté chez lui." Les yeux de Jim se remplirent de larmes, mais il se ressaisit aussitôt.

Quand ils arrivèrent à la pouponnière, on les conduisit à travers des rangées de berceaux. Quand l'infirmière s'arrêta, ils se penchèrent pour regarder dans le petit lit où se trouvait un minuscule nourrisson avec des cheveux semblables à un duvet jaune, enveloppé dans une couverture rose.

"C'est elle?" demanda Jim.

L'infirmière acquiesca.

Au son de la voix grave de Jim, le bébé se réveilla. Elle étira d'abord ses bras, battit des pieds, puis ouvrit les yeux pour laisser voir deux billes bleues pâles comme celles de sa mère.

Jim retint son souffle. "Cher ange," dit-il 'Regardes-la. C'est le portrait de Liz."

Ted se souvint à nouveau de la petite chaussure qu'il avait trouvée le premier jour. *Qu'est-il arrivé à ce bébé? Était-ce celui-ci? Non, bien sûr que non.* Mais il ne put s'empêcher d'y penser en prenant le petit pied de l'enfant. Il fut pris de vertige et s'accrocha au rebord du berceau. Le nourrisson regarda Ted aussitôt et lui fit un grand sourire édenté.

Essuyant une larme, Ted se concentra sur la petite survivante qui le fit fondre à l'instant même. Ce précieux bébé était venu pour guérir son coeur.

"C'était incroyable," dit l'infirmière. "Elle était enterrée sous les gravats, mais n'avait aucune égratignure sur elle. On pense que le berceau renversé et les couvertures l'ont protégée." Elle enveloppa de nouveau l'enfant et la prit. "Voulez-vous la tenir?"

Jim acquiesca et serra le petit ballot contre sa poitrine. Il l'embrassa sur la joue, tout en ravalant l'énorme sanglot qui lui montait à la gorge. "Bonjour, Marie Elizabeth. Le Bon Dieu t'aime. Comme tu es belle et heureuse. Et tu ne sais pas ce qui est arrivé à ta maman et à ton papa." Il avala de nouveau et regarda l'infirmière. "Que va-t-il lui arriver maintenant?"

"S'il n'y a pas de survivants dans sa famille, elle sera placée dans un orphelinat."

La voix de Jim traduisit la panique. "Je ne peux pas laisser faire ça. C'est la fille de mon frère, on en prendra soin."

"Mademoiselle Jones m'a dit que vous êtes parents, mais nous aurons besoin de preuves d'identité. C'est merveilleux que vous la vouliez."

"Bien sûr que nous la voulons. Elle est tout ce qui reste de mon frère et de sa famille. Comment pourrions-nous ne pas la prendre avec nous? Jim tendit le bébé à son fils, puis sortit son mouchoir et se moucha.

L'infirmière changea de sujet. "Je suis sûre que Mademoiselle Jones pourra vous aider. On a eu du mal à faire boire le bébé au biberon. Je pense qu'elle devait être nourrie au sein. Nous avons essayé plusieurs formules de lait jusqu'à ce qu'on en trouve une qu'elle aime. Je vais en chercher une provision, des couches et une couverture chaude. Je vais vous les apporter."

Ted approcha son visage de la petite miraculée et respira son odeur pure et douce. "Tu es belle," murmura-t-il. D'une certaine façon, ce bébé semblait combler le vide énorme que son coeur avait ressenti quand il avait été incapable de sauver Monsieur Camden, ou quand il avait trouvé la femme et le soulier de bébé ,mais par-dessus tout, quand Rebecca était morte. Il berça doucement le bébé et elle se rendormit aussitôt. Ils sortirent dans le corridor à la recherche de Mademoiselle Jones.

Le Docteur Munroe sortit d'une pièce identifiée RAYONS X. "Qu'est-ce que vous faites ici, Jim. Mais, regardez-vous! On dirait que vous vous êtes battu avec un tigre."

"J'aurais préféré que ce soit un tigre à la place de l'immeuble, mais çà va aller." Jim lui expliqua les raisons pour lesquelles ils étaient venus à l'hôpital.

"Je suis vraiment désolé." Il mit la main sur l'épaule de Jim. "Il y a tellement de morts."

Il hésita un instant avant de continuer. "Mais est-ce que vous allez bien?"

"Papa, parles-lui de tes maux de tête."

"Des maux de tête? C'est quoi ces maux de tête, Jim? Depuis quand est-ce que vous en avez?"

Le docteur ajusta ses lunettes, s'approcha de Jim et regarda dans ses yeux. "Vous avez probablement eu une commotion cérébrale. C'est depuis quand?"

"Depuis l'explosion, mais…."

"Il n'y a pas de mais. Je dois vous examiner. Je serai au bureau Jeudi. Venez le matin. On devra faire un examen complet. Reposez-vous. Rentrez chez vous; étendez-vous. Je suis pressé. Très heureux que vous preniez le bébé." Il jeta un coup d'oeil vers le nourrison. "Elle est magnifique. Bonne chance."

Ted salua le médecin qui disparut au tournant du corridor. Ils furent arrêtés par Mademoiselle Jones. "Vous me cherchez?"

"Oui, nous voulons emmener l'enfant chez nous. Je suis son oncle. Mon épouse est infirmière et une maman merveilleuse. La petite ne manquera pas de soins dans notre maison.

"Bien. J'aurais besoin d'une pièce d'identité, et vous devrez signer les papiers pour sa sortie. Je vais les chercher."

"Papa, crois-tu que c'est une bonne idée? Tu ne penses pas qu'on devrait en parler à Maman d'abord?"

Jim sourit. "Je connais très bien ta mère. Çà lui fera plaisir de s'occuper du bébé."

"Mais tu as déjà des maux de tête. Je pense que tu cherches des problèmes supplémentaires."

"Tu sais, pour la première fois depuis l'explosion, ma tête ne me dérange pas."

"Oui, toujours le même! On va essayer de trouver un taxi pour rentrer."

Mademoiselle Jones revint avec le papier de sortie. Jim le lut et signa à l'emplacement désigné. "A propos, le Docteur Munroe peut se porter garant pour nous." Il prit le paquet contenant le lait et les couches des mains de l'infirmière.

"J'ai hâte de voir la tête de maman," dit Ted avec un sourire, puis s'exprimant tristement: "J'ai vraiment beaucoup de peine pour l'oncle Carl et…."

"J'ai encore du mal à réaliser. Je voudrais croire que c'est un cauchemar, et que je vais bientôt me réveiller. Quand on pense à la quantité de gens qui sont morts, on se sent forcément touchés. Et çà ne nous aide pas à oublier notre chagrin, n'est-ce pas?"

"Non Papa, çà n'aide pas."

Chapitre 15

La Nouvelle Venue

C'aroline se précipita à la fenêtre quand elle entendit une voiture approcher avant de réaliser qu'elle ne pouvait rien voir à cause des planches qui bloquaient la vue. Elle courut à la porte de la cuisine.

"C'est Papa et Ted."

Un sentiment de terreur envahit les pensées de Martha. *"Ils ont pris un taxi, c'est à cause des maux de tête de Jim."* Elle se dépêcha pour ouvrir la porte.

"Ils ont des paquets." Caroline était excitée,elle aimait les surprises.

"Ted, qu'est-ce que tu tiens? Laisses moi voir." Elle s'exclama. "Un bébé? Où l'avez-vous pris? C'est un garçon ou une fille?"

"Attends, Caroline," dit Ted,tentant d'être patient.

Jim ferma la porte. "On est allés voir pour l'oncle Carl et…." Il hocha la tête et avala difficilement, à peine capable de parler.

"Je suis désolé Jim, je sais que tu l'aimais. On les aimait tous." Martha entoura son mari de ses bras en secouant la tête pendant qu'il lui racontait.

"Carl et Liz, et nous pensons les deux garçons ont été tués, bien qu'ils n'ont pas trouvé le petit Kenny." Jim craqua et se mit à pleurer.

Pour détourner l'attention de leur père si mal en point, Ted respira profondément et annonça, "mais par miracle, ce tout petit être a survécu sans une seule égratignure.Vous tous, voici Mary Elizabeth O'Neill." Il tint l'enfant de façon à ce que tout le monde puisse le voir.

Martha s'approcha du petit paquet. Elle le sentit fragile, mais chaud, et il sentait bon. Elle souleva un coin de la couverture et sourit à la vue du précieux petit cadeau de Dieu.

Caroline déposa son petit chien et s'approcha de sa mère. "Laisses-moi voir. Elle est jolie. Ses yeux sont si bleus. De quelle couleur sont ses cheveux? Faisant glisser la couverture de la tête du nourrisson, elle murmura. "Blonde? Elle ne ressemble sûrement à aucun d'entre-nous."

"Non ma chérie, elle ressemble à sa mère de qui on lui a donné le nom."

"Est-ce qu'on peut la garder? Je promets de m'en occuper. Ce serait amusant d'avoir un bébé fille pour changer."

"Caroline, ce n'est pas gentil. C'est un bébé, pas un petit chien. A part çà, on est très heureux avec nos garçons."

"Je le sais Maman, ce n'est pas…Je veux seulement dire que nous avons trois garçons. J'ai toujours voulu une petite soeur."

Jim caressa la tête de Caroline. "C'est gentil. Maintenant tu en as une, et je dois prendre contact avec mes soeurs pour le leur dire, n'est-ce pas Martha?"

"Oui Jim. Elles doivent être averties tout de suite."

Ted reprit. "Mais Papa, les lignes téléphoniques sont encore coupées. Je peux aller à l'anse aux Portuguais demain."

"On ira ensemble."

"Non, papa, j'irai. Le Docteur Munroe a dit…."

Martha se tourna vers son mari. "Le Docteur Munroe? Est-ce que vous l'avez vu?"

"Oui, il était à l'hôpital."

"Est-ce qu'il a éxaminé tes yeux? Est-ce qu'il a dit quelque chose à propos de tes maux de tête?"

"Umm."

Ted intervint. "On a vu le Docteur Munroe dans le corridor de l'hôpital. Je lui ai parlé des maux de tête de Papa. Il veut le voir Jeudi. Papa doit se reposer et non courir partout en ville.

" Est-ce que c'est vrai, Jim? Est-ce qu'il soupçonne une commotion? Est-ce que je ne t'avais pas dit que tu devais te reposer jusqu'à ce que tu ailles mieux?"

"Oui, chérie, tu me l'as dit, mais il y a tellement de choses à faire. J'aurai le temps…."

"Ça suffit!" Martha haussa le ton. "Tu ne peux aller nulle part dans ton état. Maintenant, si tu ne veux pas aller au lit, tu vas relaxer dans ton fauteuil." Sa voix se radoucit quand elle prit son bras. "Chéri,si tu ne prends pas soin de toi, qui nous aidera?" Elle poussa son mari du coude vers le boudoir.

"Caroline, prends le manteau de Papa."

"Je peux aller chez tante Maggie, Papa."

"Entre vous deux, je ne pourrai pas sortir d'ici de si tôt. Laisses-moi au moins écrire une lettre à mes soeurs, pour que tu n'aies pas à le faire. Je le fais tout de suite. Peut-être que demain, on pourra identifier les corps."

"Je vais aller chercher ton papier à lettre, Papa," dit Caroline en accrochant soigneusement le manteau de son père.

"Voyons voir où pouvons-nous installer ce petit miracle?" pensa Martha à haute voix.

"Je sais où…je reviens." Ted courut vers l'escalier, puis dans sa chambre où il sortit le dernier tiroir de sa commode. C'est très bien pour un bébé pensa-t-il. Il enleva les chandails et les mit dans le tiroir au-dessus puis apporta le lit de fortune en bas.

"Voilà Maman, ceci devrait faire l'affaire."

Martha se mit à rire. "Tu as de bonnes idées Ted." Elle lui caressa le visage. "Tu ressembles tellement à ton père. Ce sera parfait. Caroline, voudrais-tu tenir Mary Elizabeth pendant que je vais chercher de la literie pour son berceau?"

Caroline rayonnait en s'assoyant dans le grand fauteuil du boudoir. Martha déposa le petit paquet dans ses bras. Les garçons l'entourèrent et poussèrent des hohoho et des hahaha pour tenter de faire sourire leur nouvelle petite soeur. Le petit Charles éclata de rire quand il la vit. Un bébé semble toujours apporter de la joie dans une famille.

Les quelques jours qui suivirent furent très chargés pour Martha et sa mère qui tentaient de redonner à la maisonnée sa routine habituelle. Mary Elizabeth sembla bien s'adapter à toute l'attention qu'elle reçut des autres enfants, et Charles était fasciné par le "bébé"

"Quelquefois, je pense que nous avons un petit Français en la personne du petit Charles," dit Grand-maman. "Tu ne penses pas, Martha?"

Martha sourit, "Oui, des fois il parle avec un certain accent français."

Caroline aida beaucoup pour le bébé et fut aussi d'un grand secours avec les autres enfants. Elle était patiente et jouait avec eux, les faisant souvent rire. Entre le nouveau bébé et le petit chien de Madame Boudreau, la maison des O'Neill bourdonnait. Caroline montra à Allan comment nourrir et prendre soin du chiot dont les pattes guérissaient bien.

L'ouïe de Allan revenait petit à petit à la normale, mais Martha tenait toujours à ce qu'il soit examiné par le médecin.

Chapitre 16

Le Docteur

Ce fut juste une semaine après l'explosion que Jim et Allan se rendirent chez le Docteur Munroe. En descendant la rue à pied vers le port, ils virent des ouvriers qui s'affairaient encore à nettoyer les restes de l'horrible explosion. Le courant électrique et le téléphone étaient rebranchés à quelques endroits de la ville, les trottoirs réparés. Les immeubles qui avaient résisté, étaient en voie de restauration ou de démolition. Et les menuisiers avaient réparé les vitres des fenêtres chez les O'Neill.

Le bureau du Docteur Munroe était localisé dans une maison de style Victorien située dans une petite rue qui ne semblait pas avoir subi de dommages majeurs. Bien sûr, les fenêtres avaient été soufflées par l'explosion, mais étaient déjà remplacées. Le docteur était juste entrain de fermer sa porte quand ils arrivèrent. Il les invita à entrer.

"J'avais presque oublié que vous deviez venir. Ne me dites pas que c'est notre petit Allan? Soit qu'il a beaucoup perdu de poids soit qu'il a beaucoup grandi." Le gentil docteur se tourna vers le gamin. "Est-ce que je dois te recoudre? As-tu encore glissé en bas de l'escalier dans une assiette? Tu finiras par avoir des bosses permanentes sur la tête, jeune garçon."

Jim éclata de rire. "Non Doc, cette fois, ce sont ses oreilles. Il n'entend pas bien depuis l'explosion."

Le docteur fit signe à Allan de monter sur la table d'examen, prit son stétoscope et regarda dans les oreilles du gamin. "Je ne peux rien voir de plus qu'un peu de cire. Peut-être que la commotion dûe à l'explosion l'a suffisamment déplacée pour provoquer une perte d'audition." Il regarda Jim. "Je vais laver ses oreilles, peut-être que çà va aider."

Le docteur commença à verser de l'eau chaude savonneuse dans un petit bassin. Il prit ensuite une petite seringue, la remplit de la solution, et la vida dans les oreilles du garçon.

Allan leva les yeux, surpris, et dit avec un large sourire. "Je vous entends!"

Le Docteur Munroe lui rendit son sourire. "Eh bien, pas étonnant! Tu devrais voir toutes les patates que j'ai sorties de là-dedans! OK, descends de là. Vous êtes le suivant Jim. Racontez-moi ce qui s'est passé."

Jim s'assit sur la table dès que Allan en descendit. "Henry et moi, on était entrain de parler dans le ring de boxe quand tout s'est effondré. Je pense cependant que je vais bien. Juste un petit morceau de vitre et une poutre ou deux."

"Une poutre ou deux? Hmm." Il se prit le menton, pensif. "Je suppose que çà explique toutes ces égratignures qui semblent bien cicatriser. Et les maux de tête, est-ce qu'ils persistent?"

"Oui, le martèlement dans ma tête est continuel."

Le docteur mesura la pression de Jim puis regarda dans ses yeux avec sa loupe. "Votre oeil droit est blessé, et on dirait qu'il y a des éclats de verre dedans."

"Mon épouse a enlevé un morceau de verre." Inquiet à l'idée que le docteur pourrait vouloir lui enlever son oeil comme on l'avait fait à tant d'autres, il dit," je pense cependant que çà va mieux."

"Tout de même, j'aimerais que vous alliez voir le Docteur Harrington. Il se spécialise dans les blessures aux yeux. Maintenant, à propos de ces maux de tête. Vous avez dit que vous avez été frappé par une poutre? Mon opinion est que vous avez subi une commotion. Je veux vous faire passer une radiographie."

"Je ne veux pas de radiographie. Donnez-moi juste quelque chose pour la douleur."

"D'accord, voici un médicament pour vos maux de tête, mais vous devez ralentir pour quelques jours encore, Jim, pour donner à votre tête une chance de guérir par elle-même. Ne soulevez rien de lourd. Le remède va vous aider à vous sentir mieux. Si vous n'êtes pas mieux d'ici Lundi, je veux vous revoir. Je vais attendre pour les rayons X."

"Certainement, d'accord. Et vous, comment allez-vous Docteur? Quelles sont les nouvelles et avez-vous eu une chance de respirer?"

"Avez-vous su que le premier bateau, le *Imo* a été projeté sur la rive à Darmouth pendant que le second, le *Mont Blanc*, a tout simplement disparu?"

"Vraiment, c'est incroyable."

"Oui, l'ancre a été trouvée à plus de trois miles de là, à Richmond. Je parie qu'à cet endroit là, tous les immeubles ont dégringolé comme un paquet de cartes, pendant que d'autres se sont embrasés. On estime que 1800 personnes sont mortes à ce seul moment-là."

"C'est là que mon frère Carl vivait. Je n'en suis pas surpris. C'était incroyable,... l'anéantissement. Je n'aurais jamais cru qu'une explosion puisse balayer une ville entière."

Le docteur hocha la tête. "Nous avons eu du secours cependant. Nous, gens de Halifax,nous sommes très auto-suffisants. Très vite, après l'explosion, on a organisé des équipes de recherche et de secours, et elles étaient au travail au milieu des débris, à sortir les morts et les blessés. A quatre heures, les pompiers avaient le brasier du bateau sous contrôle. A part quelques endroits qui continuent de fumer, la plupart des feux ont été éteints."

"La première préoccupation a été d'apporter de l'aide aux blessés, des abris à ceux qui n'avaient plus de maison et de la nourriture à ceux qui avaient faim. Mais Halifax n'était pas seule car des dons en argent et des secours sont arrivés d'ailleurs au Canada et de partout dans le monde. C'est stupéfiant parce que, quelques heures après l'explosion, on a appris qu'un train rempli de personnel médical et de provisions arrivait de Boston. La ville de New York a envoyé des lits de camp, des couvertures et de la nourriture."

Jim quitta la table d'examen. "Quel déluge de générosité. Je suis heureux qu'on ait pu s'en sortir si vite. Je suppose que les voies ferrées étaient endommagées?"

"Je pense que certaines voies ferrées étaient sorties de leurs attaches, mais quand on a su que des trains s'en venaient par ici, des équipes ont été envoyées pour les réparer immédiatement."

Le docteur prit sa trousse. "Je suis en congé de l'hôpital maintenant. Oh, j'allais oublier, comment va la nouvelle arrivée?"

"Elle va bien. Elle sera gâtée avant la fin du mois. Mais elle n'est pas la seule nouvelle à la maison. Notre voisine, Madame Boudreau, s'est fracturée la hanche, et on prend soin de son chien."

Le docteur pouffa de rire. "Bravo. Allan, voici un médicament pour toi aussi. Prends-en un par jour. Tu pourras en donner un à tes frères et à ta soeur quoique le bébé soit encore trop jeune cependant." Il rit en donnant au garçon une poignée de sucettes.

"Merci, Docteur. J'apprécie que vous nous ayez examinés."

Allan se transforma en une boîte à musique animée, et parla tout au long du retour à la maison.

"Tous les bruits étaient confus dans mes oreilles. J'ai vu des enfants pleurer mais je ne pouvais pas les entendre et mes oreilles me faisaient si mal que je pensais qu'elles avaient explosé ou même qu'elles étaient tombées. J'ai eu peur, Papa. C'est alors que Caroline m'a trouvé."

Il raconta à son père qu'ils étaient en retard de seulement une minute à l'école, comment il s'était dépêché pour entrer et qu'il avait commencé à enlever son manteau quand il entendit un bruit sourd et fut projeté de l'autre côté de la pièce sur une pile de manteaux. Il raconta à son père que lorsqu'il se remit vite sur ses pieds, sa classe et le professeur s'étaient mis en ligne pour quitter le bâtiment.

Jim serra son fils. "Je suis heureux que tu ailles bien maintenant, mon petit copain. Je m' inquiétais vraiment pour toi."

Allan leva les yeux vers son père avec le sentiment d'être important. "Ah oui, Papa?"

Chapitre 17

Les Manchettes

Lorsque les journaux réapparurent dans les kiosques, Jim prit la Gazette de Halifax.

16 Décembre 1917
HALIFAX DÉTRUITE
LE NOMBRE DES VICTIMES AUGMENTE;
BEAUCOUP DE MORTS, ENCORE PLUS DE
SANS ABRI; DES FAMILLES ENTIÈRES ANÉANTIES.
Les camions de pompiers se sont précipités sur les lieux
le long du bord de mer après que l'explosion eut provoqué
un raz de marée qui a englouti plusieurs bateaux dans le
port. Au tout début, il y eut une boule de feu, que l'on a
estimée être aussi chaude que la température du soleil.

"Martha," dit Jim en déposant le journal. "C'est difficile à croire." Bien que abassourdie, Martha était fascinée. "Continues de lire," dit-elle

Même si la boule de feu n'avait duré
qu'une fraction de seconde, ce fut assez
long pour incinérer beaucoup de gens
qui se trouvaient sur les quais. L'onde
de choc au sol a causé un affaiblissement
des fondations des immeubles les rendant
plus vulnérables au souffle d'air venant
du centre de l'explosion avec la force
de plusieurs ouragans.

Jim s'arrêta stupéfait. "Est-ce possible? C'est encore pire que ce que l'on pensait. J'ai toujours cru que l'air était doux comme la première brise de printemps, ou peut-être un vent sauvage comme le blizzard, mais celui-là était diabolique, à sept cents miles à l'heure!"

Les yeux écarquillés, Martha posa son linge à vaisselle. "Sept cents? Mon Dieu! Je ne peux pas l'imaginer. Quoi d'autre?"

"Il ne dit pas combien de gens sont morts, mais j'ai entendu dire qu'ils sont plus de mille."

"Oh Jim, je ne peux pas le supporter. Ces pauvres familles. Et il fait si froid. Penses-tu qu'on pourrait en héberger ici?"

"Martha, Martha. Tu as suffisamment à faire à prendre soin de moi, ta mère, la petite Mary Elizabeth, aussi bien que de tes cinq autres enfants, et du chien. Je suis sûr que lorsque Madame Boudreau sortira de l'hôpital, tu voudras la prendre ici jusqu'à ce que sa maison soit reconstruite. Ma chérie, tu as le plus grand coeur qu'on puisse imaginer." Il sourit avant de continuer à lire à haute voix.

> Le jour après l'explosion, un train est arrivé de Boston, chargé de docteurs, d'infirmières, de matériel médical et d'équipement. Un cargo à vapeur est venu de l'infirmerie de l'Oeil et de l'Oreille du Massachusetts avec des provisions et plus d'aide. Un train de secours de la ville de New York a suivi avec des centaines de lits de camp, des couvertures, des caisses de désinfectants, aussi bien que de la nourriture. La générosité de tant de pays a été inestimable.

"C'est vraiment fou. Les gens ont un grand coeur, n'est-ce pas Jim?"

"Le Docteur Munroe en a parlé. C'est vrai, chérie."

Ted entra dans la cuisine. "Est-ce que c'est un journal? Est-ce que je pourrai le lire quand tu auras fini?"

"Bien sûr," dit Jim. "Tiens, prends-le. J'étais justement entrain de le lire à haute voix pour ta mère.

Prenant le journal, Ted jeta un coup d'oeil aux manchettes et continua en bas de la page.

> Dans leur grande panique, les gens de Halifax ont fui leurs maisons et leurs magasins, les laissant sans surveillance

et non verrouillés. Bien vite, les pillards se sont mis à l'oeuvre, fouillant les décombres et dévalisant les corps.

Ted se versa une tasse de thé puis s'assit à la table, dévorant les nouvelles. "Le Capitaine Mahoney m'a dit qu'il y avait des pillards. Je suis content d'avoir mis les bijoux dans des tiroirs verrouillés." Il sirota son café. "Bon, j'ai entendu dire que l'armée allait dresser des tentes en guise d'abris temporaires sur les terrains de la ville. Je vais aller là-bas pour voir s'ils ont besoin de volontaires, à moins que tu aies besoin que je fasse quelque chose pour toi, Maman."

"Non, chéri, je pense que c'est merveilleux que tu veuilles les aider. Je suis sûre qu'ils ont besoin d'hommes forts là-bas."

Ted finit de lire le journal, déposa sa tasse dans l'évier, les salua, prit son manteau le plus chaud, son chapeau et ses gants. Quand il approcha des terrains, son coeur se mit à galoper. *Je ne sais pas si j'en serai capable.* Il se redressa. A voix haute, il dit, "Ils ont besoin d'aide, je dois le faire."

D'énormes tas de morceaux de bois provenant des maisons détruites étaient déchargés par des camions et étaient utilisés comme combustible pour faire des feux et garder les soldats au chaud pendant qu'ils dressaient les tentes. Cela ne prit pas de temps à se savoir, et les gens déplacés affluèrent sur ces terrains ou comme certains les rebaptisèrent, *la cité des tentes.* Ted distribua des couvertures chaudes, des vêtements des surplus de l'armée et de la nourriture.

Le vent soufflant férocement faisait voltiger les étincelles. Le commandant de l'armée eut peur que les tentes brûlent et donna l'ordre d'éteindre tous les feux. Cependant, malgré les ordres, la plupart furent rallumés pour donner un peu de chaleur. A la nuit tombée, le vent cessa et le quartier prit un air mystérieux, avec les tentes qui, illuminées de l'intérieur par les lampes au kérosène, devinrent transparentes, tandis qu'à l'extérieur, les flammes vacillantes des feux de joie dessinaient les contours des tentes. Cet effet macabre était accentué par le rougeoiment du port qui brûlait et la brume causée par la fumée.

Certains s'étaient rassemblés autour des feux, emmitouflés de guenilles, d'autres étaient enveloppés dans les couvertures de l'armée, quelques-uns dans des grands manteaux de l'armée. Ils étaient tous blottis les uns contre les autres pour se protéger du froid, pensant à tout ce qu'ils avaient perdu. Ils souffraient de chocs nerveux et de chagrin, se sentant coupables parce qu'ils étaient vivants et que leurs êtres chers avaient péri. Ted fit de son mieux pour en consoler quelques-uns, ce qui l'aida à évacuer son propre chagrin. Malgré tout, très souvent, le bruit d'un sanglot plein d'angoisse transperçait son âme. *Je sais que je suis plus chanceux que ces pauvres gens. La plupart ont tout perdu. Au moins j'ai encore ma famille même si Rebecca…*Il avala la boule qu'il avait dans la gorge et regarda autour de lui. Un jeune garçon, peut-être âgé de six ou sept ans était secoué de frissons incontrôlables. "Hello toi, comment t'appelles-tu?"

"John David Thornton."

"Salut John David. Je m'appelle Ted." Ted ôta son foulard et l'enroula autour du jeune garçon, puis eut aussi l'idée de lui donner ses gants. Ils étaient trop grands, mais au moins, ils lui réchaufferaient les mains. Le garçon le regarda, les yeux remplis de larmes. Ted dut l'entourer de ses bras pour faire cesser ses tremblements. "Allons, allons, John, çà va aller maintenant. Je vais te chercher quelque chose à boire."

La plupart des survivants étaient en état de choc. Ils restaient là, comme des statues, ne voyant rien, n'entendant rien, ne sentant rien, en silence.

Ted resta assis près des feux durant toute la nuit à parler avec des soldats, une couverture de laine drapée autour de ses épaules. Quand l'aube éclaira le ciel à l'est, lui et quelques soldats se rendirent à chacune des tentes pour annoncer que du café frais était prêt, mais il découvrirent bientôt un autre horrible spectacle. Plus d'une dizaine de personnes étaient mortes de froid dans leur tente.

Nous ne pouvons pas laisser ces gens ici pour une autre nuit. Nous devons faire quelque chose," dit le maire quand il arriva plus tard ce matin-là. "Nous devons utiliser toutes les installations vacantes pour loger ces citoyens désespérés: les écoles, les entrepôts, les wagons de chemin de fer inutilisés. Qu'on s'en occupe immédiatement."

Un des soldats pressa Ted de rentrer chez lui et de dormir un peu. "Tu pourras revenir plus tard si tu veux."

Ted rentra péniblement chez lui. La neige avait recouvert les ruines calcinées d'une couverture blanche immaculée. Vraiment beau, au début, mais ce fut de courte durée car plus tard dans la journée, le temps redevint un méchant adversaire. Plus de quinze pouces de neige tourbillonnaient et s'amoncelaient. Quand elle rencontrait des ruines fumantes, elle se transformait en neige fondante puis très vite en glace alors qu'elle s'éloignait des feux. Bien vite, les ruines furent transformées en sculptures de glace, rendant le travail des sauveteurs encore plus difficile.

Chapitre 18

Le Bonhomme de Neige

En rentrant à la maison, Ted trouva Caroline et Allan qui essayaient de pelleter le trottoir.

"Hé les amis, que faites-vous? Vous devriez être entrain de faire un bonhomme de neige. Ce travail est trop dur pour vous. Laissez le pelletage pour moi."

"Jerry voulait en faire un mais naturellement, Maman n'a pas voulu le laisser sortir avec ses béquilles. Et Papa s'est couché de nouveau avec un autre mal de tête."

"Mince alors, c'est trop bête. Je vais revenir." Ted courut à l'intérieur et prit une autre paire de gants.

"Voilà, donnez-moi la pelle. Toi et Allan essayez de construire un beau bonhomme de neige. On a tous besoin de s'amuser."

"Oh çà c'est une bonne idée," dit Caroline. Elle prit son petit frère par la main. "Viens, Allan, aides-moi."

Ted élargit le chemin que son frère et sa soeur avaient commencé. Quand il eût fini, il les aida à faire le bonhomme de neige. Çà faisait du bien de faire quelque chose d'amusant. Son esprit était encore habité par tous les événements des derniers jours et c'était difficile d'être positif, mais là, il souriait presque. J'ai la meilleure famille et je suis content de savoir que Allan entend à nouveau. Je prie seulement pour que Papa aille mieux.

"Ted, peux-tu m'aider pour le ventre du bonhomme de neige? Il est trop gros pour moi. Je ne peux pas le soulever," dit Allan, luttant avec une énorme boule de neige.

Ted s'approcha de lui, roula la boule vers le bonhomme et la souleva pour la déposer au-dessus de la première. Il regarda sa soeur. "Comment çà va avec la tête Caroline? On dirait que c'est juste la bonne grandeur. Tu veux que je la mette au-dessus?"

"Oui, je vais demander une carotte à Maman pour le nez."

"Demandes-lui un chapeau aussi," cria Allan.

Ted et Allan tapotèrent et lissèrent le bonhomme de neige jusqu'à ce qu'il fut parfait. Ted regarda son petit frère.

"Qu'est-ce qu'on va mettre pour les boutons?

"Je vais voir si je peux trouver quelque chose," dit Allan.

Caroline sortit de la maison avec un foulard coloré et une carotte.

"C'est beau, mais ce n'est pas le foulard que Grand-maman a tricoté?" demanda Ted.

"Non, idiot, c'en est un vieux, à Maman. Elle a dit que je pouvais l'utiliser. Regarde ce que j'ai pour les yeux." Caroline ouvrit ses mitaines et lui montra deux prunes mauves.

"C'est en plein ce qu'il faut."

Allan revint avec une douzaine de petites roches. "Est-ce qu'on peut utiliser çà pour les boutons?"

Caroline jeta un coup d'oeil après avoir mis les yeux en place. "Ils sont parfaits."

Ted pensa, j'aurais dû amener John David ici. Il prendrait vite du mieux avec mes frères et soeurs. Puis il regarda à la fenêtre de la cuisine. "Attends-moi là." Il entra dans la maison, et, après quelques minutes, en ressortit avec Jerry grimpé sur son dos. Jerry s'étira et déposa une pipe dans la bouche du bonhomme. "Qu'est- ce que çà donne?" dit il avec un large sourire.

"Jerry, c'est parfait. On n'avait pas pensé à la pipe."

Quand le bonhomme de neige fut complété, ils reculèrent pour admirer leur oeuvre. C'est alors que la porte de la cuisine s'ouvrit, et ils étaient là, Maman, Grand-maman, et le petit Charles souriant à la vue du beau bonhomme de neige.

Chapitre 19

Les Funérailles

Le soleil avait radouci la température et l'air était pur en ce neuf Mars. La famille O'Neill au complet s'apprêtait à assister à des funérailles dans la cour de l'école Chebucto. Jim loua un cheval avec une calèche remplie de foin. Martha ajouta des piqués et des couvertures, et ils s'y entassèrent.

"C'est amusant, Papa. Je suis content de monter en calèche," dit Allan.

En chemin, ils prirent avec eux des amis, et même des étrangers. Jim et Martha pensaient que c'était une bonne façon de dire adieu à leurs disparus et d'essayer d'apaiser leur propre chagrin.

Le Cardinal William Carty vint de Toronto, assisté de son entourage. Le Père Maurice Boulanger de la paroisse Saint Michel, et le Révérend Farmington de l'Église Épiscopale Saint Luc, célébraient l'impressionnant service oecuménique. Le clergé des paroisses environnantes était là aussi. Un conseiller de la ville présenta le Cardinal qui parla de la tragédie.

Quand il eût finit, une voix s'éleva depuis le choeur. *"Je viens, Seigneur. Oh Seigneur, je viens dans ta maison aujourd'hui. Le voyage est fini et, Seigneur, je reviens dans ta maison pour y rester."*

Le premier verset fut chanté à *capella* par une voix de soprano juste et claire. Puis le violon s'ajouta, en douce harmonie, verset après verset. Le choeur chanta plusieurs hymnes, *Venez vous rassembler autour de la Croix, Amazing grace* et à la fin, *How Great Thou Art.*

Au début, juste quelques personnes se mirent à chanter, puis un peu plus et, très vite, presque tous se joignirent au choeur. Les larmes coulaient sur les visages des personnes endeuillées et ceux des chanteurs. Des larmes de chagrin, des larmes de coeurs brisés, des larmes de délivrance.

Puis juste avant que les cercueils des deux cents corps non réclamés furent rassemblés et chargés sur des camions pour le cimetière Fairview, les autorités furent averties que le cimetière n'accepterait pas les corps non identifiés. A la place, ils allaient être enterrés dans la fosse commune de la ville.

Une longue procession de calèches, bicyclettes et piétons suivirent le convoi jusqu'à la fosse commune. A nouveau, le clergé récita des prières et la foule chanta, *"What wondrous love is this, O my soul, O my soul."*

Quand ils se dispersèrent enfin, Jim suivit le camion contenant les cercueils des soeurs de l'école Saint Mark qui avaient été identifiés. Elles furent enterrées ensemble au cimetière du Mont Olivet, leur nom inscrit sur une simple pierre tombale. Ted déposa des fleurs près de la tombe et murmura à sa mère, "N'est-ce pas ici que notre petit Bertie est enterré?"

"Oui, le terrain de notre famille est ici," dit sa mère, en le montrant du doigt. "On ira là-bas quand on aura fini ici."

Chapitre 20

La Chirurgie

Les maux de tête de Jim continuèrent à le fatiguer tellement qu'il se couchait souvent, demandait qu'on tire les rideaux comme si la lumière aggravait la douleur. Son oeil droit s'était bien infecté. Sur l'insistance de Martha, Jim accepta d'appeler le Docteur Harrington.

Le jour du rendez-vous, Martha accompagna son mari. En approchant de l'hôpital général Victoria, au nord de la ville, Jim commença à ressentir de l'appréhension. Rendu à l'intérieur, il se mit à regretter d'être venu. Ses peurs s'atténuèrent cependant quand le Docteur Harrington, un homme de soixante ans, à la tignasse blanche, aux sourcils en broussailles, et au comportement avenant le rassura. Il leur serra la main, demanda des nouvelles de leur maisonnée, combien d'enfants ils avaient. Il leur tint une longue conversation tout en les conduisant à travers un long corridor puis dans une petite salle.Il fit signe à Jim de s'asseoir sur la table d'examen après avoir allumé une puissante lumière au-dessus de sa tête.

Le docteur scruta l'intérieur de ses yeux. "Je vais mettre des gouttes dans vos yeux pour dilater les pupilles et me permettre de mieux voir à l'intérieur." Il mit les gouttes. "Çà va prendre quelques minutes. Je reviens de suite," dit-il en quittant la pièce.

Jim semblait anxieux. Il haïssait se faire raconter des histoires et savait que Martha allait s'apercevoir qu'il ne voyait plus d'un oeil. Il angoissait. "Je ne veux pas qu'ils m'enlèvent l'oeil Martha, je ne veux pas être borgne, un borgne ou je ne sais trop quoi. Seigneur, aides-moi."

Martha entoura les épaules de son mari. Elle compatissait avec ce brave homme. Si seulement il avait vu le docteur plus tôt. Mais non, s'il y était allé le jour de l'explosion, ils auraient pû lui enlever l'oeil à ce moment-là. Au moins maintenant, il avait une chance. Et il y avait peut-être des médicaments qui pourraient aider.

"Je dois te dire quelque chose, chérie," dit Jim. Comme il était sur le point de parler, le docteur revint. Il passa un long moment à examiner l'oeil de Jim, tout en lui tenant une conversation fournie sur des banalités, dans le but de le mettre à l'aise. Quand il eût fini, il hocha la tête. "Je suis désolé Jim, mais il y a encore de la vitre et votre oeil a commencé à s'infecter."

Martha s'approcha et prit la main de Jim. "Ne pouvez-vous pas enlever la vitre, lui donner quelque chose pour le nettoyer, Docteur?"

"Nous pouvons essayer, mais je pense que l'infection est trop avancée. Elle a déjà envahi l'humeur vitreuse, le liquide clair qui remplit les cavités. Et, Jim, vous en êtes conscient, vous avez déjà perdu la vue de cet oeil. J'ai peur qu'une septicémie ou un empoisonnement du sang se déclare. Si c'était le cas, on aurait un problème encore plus grave."

Martha regarda son mari en état de choc. "Tu ne m'avais pas dit que tu n'y voyais plus. Tu aurais dû m'en parler."

"J'aurais souhaiter ne pas devoir vous annoncer cette mauvaise nouvelle," continua le docteur, "mais je suis à peu près certain qu'on devra vous enlever l'oeil."

Martha serra très fort la main de Jim. Sa pire crainte était le scénario présent.

Figé mais impatient, Jim grogna, "Faites-le tout de suite, enlevez-le."

"Pas si vite, Jim, il y a encore le temps. D'abord, nous devons trouver une salle d'opération libre, ce qui peut prendre quelques jours.

"Çà ne fait rien, çà va aller."

"Non monsieur, attendez-moi ici." Le docteur sortit.

"Je suis tellement désolée chéri. J'ai prié pour que cela n'arrive pas."

"Çà va aller Martha. Allons-nous en maintenant."

"Non chéri, on ne peut pas continuer comme çà. Si l'infection passe dans ton sang, tu pourrais mourir. Ne prends pas ce risque. Tu ne peux pas nous faire çà. Tu as des responsabilités envers ta famille. A part çà, on a besoin de toi. La voix de Martha se radoucit. Elle essuya ses larmes. Jim allait répliquer mais s'arrêta quand le docteur revint avec un sourire.

"Regardez, il y a une chambre libre tout de suite. On peut le faire immédiatement."

Voyant Jim hésiter, il se pencha et parla fermement. "Écoutez, Jim, il faut le faire. Je sais que vous ne le voulez pas. J'aurais souhaité, Dieu m'est témoin, qu'il y eût une autre solution, mais il n'y en a pas. Je peux le faire aujourd'hui."

Jim ouvrit la bouche pour protester, mais Martha le devança: "C'est bien, Docteur, on fera çà aujourd'hui." Elle le dit si catégoriquement que Jim la regarda fixement.

Le docteur s'assit sur un tabouret. "Alors voici comment l'on procède. Dans l'unité chirurgicale, on va anesthésier l'oeil. Puis, avec une solution saline stérile, on se débarrassera du ou des éclats de vitres. Je ne suis pas très optimiste, mais, si l'infection se limite à la seule région des éclats de vitres, on continuera de rincer l'oeil pour voir s'il est encore possible d'arrêter l'infection. Cependant, si elle s'est propagée, et je pense que c'est le cas, on devra enlever l'oeil."

Le Docteur Harrington anticipa la vision d'horreur sur le visage de Jim. "Vous n'avez pas besoin d'avoir peur, vous n'aurez pas un trou béant, Jim. Nous avons une collection d'yeux artificiels et nous en choisirons un qui s'accordera avec vos yeux verts. J'ai même un ami, qui a eu la même opération et qui prétend mieux voir avec son oeil de verre!" Il fit un clin d'oeil. "Naturellement, c'est un plaisantin, mais vous vous êtes déjà habitué à ne voir que d'un oeil." Le docteur se leva pour sortir. "Dans quelques minutes, un infirmier va venir. Je vais me préparer."

Lorsque le docteur sortit, Martha vint plus près de son mari. "Jim, nous devons prier."

"Tu as raison ma chérie, nous devons prier." Ensemble, ils se mirent à genoux près de leurs chaises, les mains serrées, et se mirent à prier: "Notre Père, qui êtes aux Cieux…."

Comme ils finissaient, un infirmier entra. "Dans combien de temps vont-ils commencer?" demanda Martha pendant que l'infirmier aidait Jim à s'asseoir dans une chaise roulante.

"Ce sera probablement dans une heure ou un peu plus Madame O'Neill, mais nous devons le préparer, c'est pourquoi nous l'emmenons tout de suite."

"Chéri, il faut que j'avertisse Maman." Martha entoura Jim de ses bras et l'embrassa tendrement. En sortant pour chercher un téléphone, elle dit. "Je vais revenir avant qu'ils commencent l'intervention."

Elle raccrocha le téléphone après avoir parlé à sa mère et entra dans la chapelle. Elle sortit le chapelet de son sac et commença à prier encore une fois.

Les larmes inondèrent ses joues et les perles de cristal, un cadeau de mariage de Jim. La lumière du soleil entrait à flots à travers un vitrail et faisait scintiller son chapelet. Assise sur le banc d'église, ses doigts égrenant les perles du chapelet, son esprit se mit à vagabonder. Elle se rappela de son mariage et de la première fois où elle avait rencontré Jim.

Elle suivait un cours d'infirmière à l'école du Mont Olivet. Un jour, alors qu'elle mangeait son déjeuner dans le parc, un beau jeune homme s'assit près d'elle sur le banc. Il inclina son chapeau et elle lui sourit. Après quelques jours, cela devint un rituel. Un jour, Martha lui offrit de partager un dessert qu'elle avait acheté un peu plus tôt à la boulangerie.

"Oh, merci!" dit-il. "Mon nom est Jim. Jim O'Neill. Et le vôtre?"

"Martha Johns. Habitez-vous par ici?"

Il sourit. "Je demeure temporairement dans les appartements de la rue Robie, mais je viens de l'anse aux Portuguais. Et vous?"

"J'étudie ici à l'hôpital. J'aurai mon diplôme en Juin et je projette de retourner à l'île du Prince Edouard pour travailler à l'hôpital là-bas." Martha lui parla un peu d'elle puis demanda. "Et votre famille?"

"La famille de mon père vient de Cork en Irlande et s'est établie à l'anse aux Portuguais. A part mes parents, j'ai deux soeurs et un jeune frère."

"C'est bien, et que faites-vous à Halifax?"

"Je travaille à la restauration du magasin Simpson."

A ce moment-là, la cloche de la tour sonna une heure. "Oh là là, il faut que je retourne en classe."

"Merci pour le dessert, Martha. Est-ce qu'on peut se revoir ici demain? J'apporterai une gâterie."

"Avec plaisir." Martha put sentir son visage devenir rouge. Cet homme était beau et si poli. En Juin, Jim demanda Martha en mariage et elle abandonna l'idée de retourner à l'île. Elle écrivit à ses parents qui furent atterrés d'apprendre que leur fille s'était engagée envers un homme qu'ils ne connaissaient pas. Ils se posaient des questions à son sujet, au sujet de sa famille, quelle sorte de gens étaient-ils?

Une fin de semaine, Jim accompagna Martha à l'île du Prince Edouard pour connaître ses parents. Ils l'aimèrent immédiatement. Une autre fin de semaine, Martha rendit visite à la famille de Jim à l'Anse aux Portuguais. Elle tomba en amour avec toute la famille, et ils l'aimèrent aussi. Les soeurs de Jim étaient si gentilles qu'il sembla à Martha qu'elle les connaissait depuis toujours. Et ses parents étaient tout aussi gentils. Le frère de Jim était dans l'armée outremer si bien qu'elle n'eût la chance de le connaître que quelques jours avant le mariage.

Après la remise des diplômes, Jim et Martha se marièrent à l'église Saint Patrick de Halifax. La journée était chaude et ensoleillée mais une légère brise venant du port la rendait très agréable. La robe de mariée de Martha, en broderie Suisse d'organdi, était couverte d'un voile confectionné avec des mètres et des mètres de tulle et de dentelle de Chantilly rassemblés autour de la couronne et ornés de petits boutons de fleurs de deutzie blanches. Les perles de cristal du chapelet qu'elle portait scintillaient quand la lumière se posait sur elles. Son bouquet était fait de roses blanches et d'une cascade de jasmin.

Anna, sa meilleure amie et demoiselle d'honneur, portait une robe de taffetas rose cendré et elle tenait un bouquet de roses de couleur rose. Le frère de Jim était le garçon d'honneur et le père de Martha accompagna sa superbe fille dans l'allée.

Une réception suivit dans le jardin près de l'église. C'était un mariage intime auquel assistaient les parents et quelques amis, ce qui était courant à cette époque-là. Les nouveaux mariés louèrent un appartement à Halifax. Deux ans après naquit Ted et quatre ans plus tard, ce fut Caroline. Quand Jerry vint s'ajouter, l'appartement devint trop étriqué et ils achetèrent la maison sur la rue Quinpool.

Martha quitta la chapelle et revint dans la salle d'attente où elle trouva un siège. Elle leva les yeux juste au moment où Ted rentrait précipitamment. "Oh, Ted, essaya-t-elle de dire avant de s'effondrer sur le plancher.

Supposant une commotion, une infirmière courut vers elle. Martha reprit vite conscience et Ted l'aida à se rasseoir. "Çà va Maman?"

"Oui, je me sens juste un peu faible. Je m'inquiète tellement pour ton père. Est-ce que tu savais qu'il ne voyait plus d'un oeil?"

L'infirmière rapporta un verre d'eau et le tendit à Martha.

'Merci, je crois que çà va aller maintenant."

"Maman, tu es sûre? Grand-Maman m'en a parlé. Est-ce que çà va aller pour Papa?"

"Oh chéri, on l'espère bien. Ted je suis si contente que tu sois là." Elle lui fit une place sur le banc. "Je t'en prie, assieds-toi près de moi un moment avant qu'on aille voir ton père."

Chapitre 21

La Reconstruction

Après le long et cruel hiver, des signes de renouveau firent enfin leur apparition. Partout, l'on voyait des efforts de réparation et de reconstruction aussi bien que des signes dans la nature. En premier, crocus, jonquilles et tulipes ouvrirent leurs boutons, puis les lilas et les poinsetias fleurirent et finalement les bourgeons des cerisiers et des pommiers éclatèrent dans une splendeur parfumée. Les pelouses prirent un ton gris foncé brillant. Les oiseaux gazouillaient. Les écureuils, avec leur queue de duvet, jacassaient. Enfin, le printemps était arrivé et la ville de Halifax, nouvellement ressuscitée, commençait à revivre.

Ted était devenu nerveux et fébrile. Tant d'endroits et de choses lui rappelaient Rebecca, ou Monsieur Camden, ou les nombreux corps qu'il n'avait pu retrouver et les quelques pauvres gens qui avaient survécu. Il avait hâte de pouvoir finir son apprentissage et de pouvoir s'éloigner de tout ce cauchemar.

"Qu'est-ce que tu vas faire maintenant, Ted?" lui demanda Monsieur Young. "Tu sais que tu es plus que le bienvenu si tu veux travailler à temps partiel. J'aimerais pouvoir te prendre à temps plein, mais les affaires ne sont plus ce qu'elles étaient avant l'explosion."

"Je comprends, Monsieur. Je ne sais pas trop ce que je veux faire. J'adore travailler ici. Vous savez que je suis pratiquement obsédé par les horloges et leurs mécanismes. Maman voudrait que j'aille à Boston où mon oncle m'a proposé un travail dans son entreprise de réparations de cales de bateaux."

"Cales de bateaux?"

"Oui, mon père m'a dit qu'ils font l'inspection et la réparation des gros paquebots. Il se rappelle qu'il a vu là deux gros bateaux qu'ils avaient grattés et repeints la dernière fois qu'il leur a rendu visite. Papa pense que c'était assez intéressant mais que je n'avais pas semblé attiré par quoique ce soit. Cependant, je pourrais l'essayer et peut-être que je pourrais mettre de l'argent de côté et démarrer ma propre bijouterie.

"Fais-moi savoir ce que tu auras décidé, Ted."

"Merci, Monsieur. Je vous le dirai. Bonne nuit." Sur le chemin du retour, Ted se souvint de quelques images de cet effroyable jour de Décembre et de la semaine si douloureuse qui avait suivi. Maintenant, les magasins avaient pris une nouvelle apparence. Le magasin Simpson où Rebecca travaillait était plus moderne, plus du tout comme le précédent. Il passa près du fleuriste où il lui avait acheté la fleur de corsage. C'était maintenant une boutique de modiste. Plus de fleuriste à cet endroit.

Ted se sentit envahi par la peur. *Je veux vivre. Je dois vivre. Je vais aller dans l'ouest, loin d'ici. Rien ne me retient ici maintenant. Dans quelques semaines, j'aurai fini mon apprentissage. Même si j'aime travailler, il n'y a pas de travail ici à Halifax, tout du moins dans l'horlogerie ou la bijouterie.*

Il dépassa un téléphone publique, s'arrêta un moment, puis revint sur ses pas. Il prit le combiné, mit une pièce, et appela Gerald Keddy.

"Peux-tu venir me rencontrer en ville? D'accord, à tantôt." En raccrochant le téléphone, il se mit à penser à toutes sortes de projets. *On pourrait aller dans l'ouest où il y a de vrais cow-boys. Gerald et moi, on s'est toujours demandé comment c'est, dans les prairies. Ce serait une belle alternative pour nous de nous éloigner de la tristesse de la ville.*

Le Samedi soir, Ted en parla à ses parents. "Maman, Papa, j'ai decide, j'aimerais voyager l'été prochain. Je veux découvrir ce pays. J'ai un peu d'argent de côté et je peux toujours travailler si j'en ai besoin. Je vous donnerai des nouvelles, je vous le promets."

Martha fut abassourdie. "On pensait que tu pourrais quitter la maison à la fin de ton aprentissage pour aller à l'université, mais je ne m'attendais pas à ce que tu quittes aussi Halifax."

Avant que Jim pût parler, Martha regarda son mari puis son fils. "Je pense que c'est une question dont nous devons parler ton père et moi en privé. On t'en reparlera demain après la messe."

Fallait qu'elle parle de l'église! Je parie que çà signifie que je dois y aller, que je le veuille ou non. Mais elle ne va pas remettre en question ma décision de partir, çà c'est sûr.

Le Dimanche, Ted s'assit avec ses parents à la table de la cuisine pour parler de son avenir. En se servant du café, Martha demanda, "si tu t'en vas, où iras-tu, et que feras-tu?"

"Dans l'ouest, il y a des ranchs de bovins. Je suis sûr que je peux trouver du travail comme manoeuvre dans une ferme. Vous savez, garder des vaches, installer des clôtures, ce genre de choses."

Jim déposa sa tasse. "Ton oncle Ed t'a offert du travail dans le Massachussets."

"Je sais, Papa, mais travailler sur un bateau dans le port ne me semble pas être un défit intéressant. Mais, si c'était sur l'océan, eh bien, ce serait une autre histoire."

"Pourquoi tiens-tu à quitter Halifax, Ted ?"

"Il n'y a rien pour moi ici actuellement. Monsieur Young n'a pas assez de travail pour un emploi à temps plein, et pour être franc, j'en ai assez de cette ville. Partout où je vais, je me rappelle comment c'était avant l'explosion et combien ce jour du six Décembre fut horrible. Je ne sais même pas s'ils répareront l'horloge un jour et j'ai trop de souvenirs de Rebecca. Je hais cette ville. Vraiment je la hais."

"Nous pouvons comprendre combien tu as souffert en perdant Rebecca, chéri," dit sa mère, "mais ce n'est pas une raison pour aller à l'autre bout du monde. Parce que, l'ouest c'est…eh bien, c'est une région sauvage. Au moins, à Boston, tu connais l'oncle Ed et nous te saurons en sécurité."

Ted éclata de rire puis dit, très sérieux, "Maman, je suis un adulte. Je veux me débrouiller tout seul. C'est cela que je veux faire." Il regarda son père. "Qu'en penses-tu papa?"

"Je ne sais pas mon fils, je me sentirais certainement mieux si tu étais plus près de la maison. Je comprends que tu veuilles être indépendant et c'est bien. Mais aller si loin, sans rien connaître de la région ni personne."

"Gerald vient aussi, on va bien s'arranger."

Martha se leva et mit la main sur l'épaule de son fils. "Chéri, on aimerait que tu attendes un an de plus avant de faire cela. Je pense qu'avec l'épreuve que tu viens de traverser, tu as besoin d'être près de la famille. Je crois que ce n'est pas encore le moment de partir."

Frustré, Ted leur tourna le dos parce qu'il ne voulait pas voir la peine dans leurs yeux. Il savait qu'il ne resterait pas. Il voulait simplement avoir leur permission afin de partir avec leur bénédiction. *Je m'en vais. Il m'est impossible de rester un an de plus. Il y a trop de souvenirs.*

"On reparlera de tout çà une autre fois," annonça sa mère.

Ted savait que quand sa mère avait quelque chose dans la tête, il était inutile d'essayer de la faire changer d'idée. D'habitude, elle apportait encore plus d'arguments, mais pas cette fois. Entre temps, Ted avança dans ses projets mais ses parents ne changèrent jamais d'idée. Un jour, Martha remarqua que son fils avait rempli un sac de marin.

"Mais à quoi donc penses-tu? Je croyais qu'on avait décidé que tu attendrais un an."

"Maman, tu as décidé. Je ne vais pas attendre. Je m'en vais aujourd'hui."

"Mais tu ne peux pas...." elle l'appela alors qu'il ouvrait la porte.

"Au revoir, Maman."

Chapitre 22

Une Nouvelle Aventure

Gerald l'attendait déjà au train. "Es-tu prêt? Tu fais pitié à voir. As-tu changé d'idée?"

"Non, je n'ai pas changé d'idée. C'est juste que Maman et moi, on s'est obstinés. Je ne voulais pas m'en aller sur une dispute mais elle ne veut pas comprendre mon point de vue. Je ne suis plus un petit garçon."

Le trajet fut très long et les deux hommes sommeillaient tour à tour et regardaient le paysage alors que le train, parti de Halifax, traversait en rugissant le Nouveau-Brunswick, le pont sur le fleuve puis la ville de Québec. Ils purent voir la grande forteresse entourant la ville. Cela rappela à Ted la ville de Halifax mais il ne voulait plus y penser. Il était content qu'ils ne faisaient que traverser. Perdu dans ses pensées, il parlait très peu.

"C'est pas mal beau," dit Gerald en passant sa main sur le banc rembourré sur lequel ils étaient assis à regarder défiler le paysage. Le train, filant sur les rails, berçait les deux garçons qui s'endormirent profondément. Après avoir grimpé des montagnes, descendu des vallées, à travers les plaines de l'Ontario et du Manitoba, ils arrivèrent finalement plusieurs jours après à destination: Régina en Saskatchewan.

Ted regarda autour de lui. "Où sont les arbres?" demanda-t-il. Tout semblait bizarre. Les immeubles avaient une architecture différente que celle qu'il avait l'habitude de voir, et même les gens. Certains d'entre eux portaient des vêtements qui semblaient sortir tout droit du film western qu'il avait vu au Théatre Embassy.

Il fit du coude à Gerald, "je croyais qu'ils portaient ces vêtements seulement dans les films. Je ne pensais pas que c'était comme çà dans la réalité."

"Je vois ce que tu veux dire. Et mon gars, trouves-tu qu'il fait chaud?" dit-il en s'éventant avec sa main.

Ted tira sa chemise qui collait à son dos. L'air chaud et sec semblait pomper la vie hors de son propre corps.

Sur le mur extérieur de la gare, il y avait un panneau où l'on pouvait lire:

AIDE DEMANDÉ
Doit être fort et travaillant.
Chambre et pension fournies.
Appeler Tom Garvey au 4478.

"Il faut trouver un téléphone," dit Ted.

"Hé, il y en a peut-être un à l'hôtel. On va aller voir." Gerald lança son sac par-dessus son épaule et traversa la rue. Ted le suivit. L'intérieur de l'hôtel était décoré de draperies de velours rouge et or. Çà sentait une odeur de parfum et de tabac. Ce n'était pas désagréable, juste différent. Un divan moelleux était placé près de la fenêtre avec de grosses plantes en pots et un crachoir dans le coin. Un vieil homme était assis derrière la réception. Un portier en uniforme attendait près du comptoir.

"Avez-vous un téléphone public?" demanda Ted.

"Par là" dit l'homme en pointant le hall d'entrée.

Ted avait mémorisé le numéro de téléphone et le donna au téléphoniste. Il attendit jusqu'à ce que quelqu'un lui réponde puis dégagea sa gorge. "Salut, est-ce que c'est Tom Garvey?" Ted leva les yeux vers Gerald qui, anxieux, faisait les cents pas.

"Ici Ted O'Neill. Mon copain et moi, nous avons vu votre annonce. Oui, nous pouvons commencer tout de suite. Halifax. Deux. C'est correct. Oui, oui, d'accord, merci, au revoir."

Ted fronça les sourcils en raccrochant puis baissa la tête faisant mine d'être triste. "Eh bien mon pote, la place est prise."

"Oh saleté, juste au moment où on avait de l'espoir."
Un sourire malicieux apparut sur le visage de Ted. "Hé, es-tu
sérieux? Dis la vérité."

"Oui. La place est à nous. On a juste à attendre jusqu'à
ce que le dénommé Harvey vienne nous chercher. En
attendant, allons jeter un coup d'oeil autour."

Ted remercia le réceptionniste en quittant l'hôtel. Sur la
rue, il y avait des magasins et un coiffeur. Ils passèrent devant
un magasin de grains et de nourriture pour animaux, puis un
magasin de vêtements pour dames, un bar et arrivèrent
finalement au magasin général. Ted remarqua comment
étaient habillés deux hommes qui étaient assis à l'extérieur:
des grands chapeaux de cowboy et des bottes. "Hmm," dit Ted.
"On devrait s'acheter d'autres vêtements."

"Entrons".

"Je vais m'acheter un chapeau." Ted en essaya un.
"Comment le trouves-tu?"

Gerald pouffa de rire. Le chapeau était bien trop grand.

Ils en essayèrent quelques-uns avant d'en trouver un
chacun à leur goût. Ensuite, ils essayèrent des bottes et des
cuissardes, prirent deux chemises à carreaux et les apportèrent
à la caisse.

"Avez-vous trouvé tout ce dont vous avez besoin?"
demanda l'employé.

"Oui, merci." Ted sortit son portefeuille. "Combien çà
fait?"

"Attendez voir." L'employé nota les prix sur un
morceau de papier brun et fit le total. "Vingt-deux dollars."

Ted avala sa salive. Il regarda Gerald qui s'apprêtait à
sortir de l'argent de son portefeuille lui aussi.

L'employé vit l'expression de leur visage et ajouta
aussitôt: "Non, c'est vingt-deux dollars pour le tout, onze
morceaux."

Ils se sourirent et murmurèrent, "C'est mieux comme
çà." Puis ils payèrent.

"On va mettre nos chapeaux," dit Ted. "On s'en va travailler au ranch des Garvey.

L'employé se retourna, grimpa jusqu'à une étagère et donna à chacun un foulard rouge. "Vous en aurez besoin. C'est assez sec et poussièreux là-bas."

"Oh merci. C'est combien?"

"Rien du tout. Je sais que vous en aurez besoin et vous reviendrez bien nous voir une fois ou deux. Bonne chance à vous deux."

"J'aime ton chapeau," dit Ted à Gerald qui se pavanait comme un paon.

"J'aime le tien aussi."

Même si les deux garçons étaient fatigués d'un long et pénible voyage, ils étaient à présent excités par leur nouvelle aventure et espéraient pouvoir gagner beaucoup d'argent. "On dirait que notre taxi est déjà là."

Comme le camion s'arrêtait près de l'hôtel, les garçons saisirent leurs sacs et bagages. Ils interpellèrent le chauffeur qui sortit du camion. "Par ici, c'est vous Tom?"

"Non, c'est Hank. Déposez vos affaires à l'arrière et montez." Le chauffeur était grand et efflanqué et une cigarette pendait au coin de sa bouche.

Les garçons firent ce qu'on leur demandait et ce fut le départ vers un nouveau monde. Leur chauffeur ne dit que quelques mots pendant qu'ils roulaient sur la route cahoteuse et poussiéreuse. "Je suppose que le gars savait de quoi il parlait. Je suis content qu'il nous ait donné les foulards."

"Moi aussi," dit Gerald.

Chapitre 23

Les Cowboys

Au début, Ted et Gerald avaient aimé vivre dans les baraquements avec de vrais cowboys. Ils apprirent à fumer, et même à boire un peu, quelquefois un peu trop. Le formidable mal de tête du lendemain leur rappelait que cela ne valait pas vraiment la peine de s'enivrer. Les autres garçons de ferme, tous plus âgés, riaient de ces novices, mais eurent bientôt du respect pour eux quand Gerald leur demanda de lui prêter une guitare, l'accorda, et commença à en gratter les cordes. Lui et Ted se mirent à chanter, en harmonie avec le choeur. Ted chanta une chanson sur Rebecca, ce qui fit monter des larmes dans les yeux des cowboys. Ils apprirent d'autres chansons des garçons de ferme. Certaines portaient sur des amours perdues et d'autres étaient des chansonnettes lascives.

Lorsque l'un des gars s'informa sur le climat à Halifax, Ted dit, "eh bien, vous savez, l'hiver est très dur. Notre maison est située sur une colline et il y a un ruisseau qui traverse la propriété. A l'extrémité du ruisseau, il y a la grange. Naturellement, on doit nourrir les animaux même par mauvais temps." Ted regarda Gerald et lui fit un clin d'oeil.

"Çà s'en vient," marmonna Gerald.

Ted continua. "En hiver, le brouillard est si dense que nous devons porter nos bottes de brouillard."

"Des bottes de brouillard?" questionna Hank.

"Ouais, vous savez, çà ressemble à des bottes de neige. On doit attacher leurs lacets. D'abord, on doit réussir à ouvrir la fenêtre, puis sortir et marcher péniblement vers la ferme dans nos bottes de brouillard.

"Wow, c'est quelque chose," s'exclama l'un des garçons. "Je n'en ai jamais entendu parler. Bien sûr, nous n'avons pas de brouillard par ici car il fait trop chaud. Pourquoi vous, les gars, vous pouvez faire des choses hors du commun. J'ai même vue la façon dont vous montez les chevaux. Vous êtes pas mal bons."

Gerald sourit, se rappelant comment lui et Ted avaient souvent monté deux chevaux à la fois, avec un pied sur le dos de chaque cheval. Parfois, ils montaient pieds nus, glissaient autour du cou des chevaux et remontaient de l'autre côté. Ils s'amusaient follement.

Ted tint parole et écrivit à sa famille.

Salut tout le monde,
Il fait pas mal chaud, ici, dans les prairies. On se baigne dans un étang après le travail et l'eau est très froide, mais çà fait du bien après une longue journée. Gerald et moi, on devient des experts pour rassembler le troupeau. Gerald joue de la guitare et l'on chante pour distraire les autres garçons de ferme le soir. Je crois que c'est tout pour cette fois. J'espère que tout le monde va bien. Je vous embrasse tous.
Je vous aime, Ted

Il avait raconté un mensonge à propos du rassemblement du troupeau, mais il voulait leur faire croire que tout allait bien dans l'ouest. Il ne voulait pas qu'ils sachent combien il était déçu et aussi combien il avait le mal du pays. C'était un travail dur et ennuyeux. Chaque jour, ils essayaient d'en apprendre un peu plus sur le métier de cowboy, comme attraper un animal isolé au lasso ou rassembler le troupeau. Mais ces choses-là étaient les corvées des plus âgés.

Gerald et lui avaient à faire les corvées les plus sales. Ils devaient nettoyer les stalles, nourrir et abreuver les animaux, puis charger des gallons d'eau sur les camions. Hank poussait le troupeau par en arrière, aidé par les autres gars. C'était une longue étape pour le troupeau. Ils avaient eu une sécheresse et ils avaient dû augmenter les provisions d'eau. Parfois, ils passaient de longues journées à réparer des clôtures sous le soleil brûlant. Il y avait peu d'ombre dans les prairies. Pas d'arbres, seulement quelques broussailles qui poussaient sur le chemin. Ils étaient tous les deux d'accord pour dire que la seule bonne chose après avoir eu chaud et transpiré, c'était l'étang glacé dans lequel ils plongeaient à la fin d'une longue journée.

Un soir, quelques hommes s'en allèrent en ville acheter des provisions. Après çà, ils s'arrêtèrent au bar. L'un des gars était presque ivre et s'en prit à Gerald et le traita de hareng fumé et de pire encore.

"Hé Jack, c'est assez," dit Gerald.

"Pourquoi, c'est assez? Et qu'est-ce que tu dis de çà?" Et il frappa Gerald d'un coup de poing dans l'estomac. Naturellement une bagarre s'ensuivit. Ted, qui avait bu lui aussi quelques verres, entra dans la bagarre. Il ne s'était pas souvent battu avant cela, mais Il se surprit lui-même en faisant aussi bien que les autres même s'il s'en sortit avec le nez en sang.

Le garde de sécurité les mit dehors. Sur le chemin du retour, Gerald s'exclama, "Hé Ted, je ne pensais pas que tu savais te battre."

"Moi non plus, mais j'étais sûrement furieux." Ted mit son foulard rouge sur son visage. "Seigneur,je pense que ce dégueulasse a cassé mon pauvre nez."

Le jour suivant, il reçut une lettre de son père.

Cher fils,
Nous sommes heureux que tu passes un bon été. Il fait chaud ici aussi. L'aréna est réparée à présent mais j'ai encore mes maux de tête et je ne peux pas faire de travaux manuels. J'ai laissé ce travail pour un autre, juste de l'autre côté de la rue, à l'épicerie des Greenwood. C'est plus facile, mais j'aime l'aréna, et les patineurs vont me manquer. Henri a été nommé gérant. J'ai promis de lui montrer comment faire la glace en Novembre prochain.

Oh, il m'a aidé quelquefois mais il doit apprendre la façon de procéder. Je leur ai dit que je pourrais aller le soir pour aiguiser les patins des professionnels du hockey. Il m'a dit qu'ils en seraient bien contents, parce que je suis le meilleur aiguiseur de patins à la ronde. Çà me flatte.

La jambe de Jerry va mieux. Lui et Allan font de la course et il y en aura une le mois prochain, à laquelle ils veulent s'inscrire. Caroline aide ta Maman à prendre soin des bébés. Le petit Charles marche, en se tenant encore après les meubles, mais je pense que ce ne sera pas long avant qu'il se lance tout seul. Et si tu voyais Mary Elizabeth. Nous avons décidé que c'était un nom trop long pour une si petite personne. Maintenant, nous l'appelons Elizabeth. Elle marche à quatre pattes partout dans la maison et elle aime renverser le bol d'eau du chien. Oui, nous avons toujours le chien. Madame Boudreau est ici aussi.Elle a encore de la difficulté à marcher. Voilà, ce sont toutes les nouvelles pour l'instant. Tu nous manques.
On t'aime, Papa.

Ted se sentit bien seul après avoir lu et relu la lettre de son père. L'écriture de son père était quelque chose qu'il admirait. Chaque lettre était parfaitement formée et ornée d'une fioriture. C'était vraiment une oeuvre d'art. Il lui semblait que tout ce que faisait son père était parfait. *J'aimerais lui ressembler un peu. Depuis l'explosion, j'ai du mal à bien faire les choses. Je n'avais pas l'habitude de sortir de mes gonds comme je l'ai fait avec maman ou même avec Gerald quelquefois. Je suppose que je devrais faire plus d'efforts. Cette indépendance ne m'a rien apporté de mieux. Je vais peut-être aller à Boston pour travailler sur les bateaux. Je vais parler à Gerald demain pour qu'on s'en aille d'ici.*

Chapitre 24

La Fin de L'été

A la fin d'Août, les garçons en avaient assez d'être des cowboys. Ils quittèrent leur emploi et commencèrent à faire du stop pour le long retour à la maison. Il y avait peu de voitures si bien qu'ils marchèrent beaucoup. Cependant, la chance était avec eux car le deuxième jour, un camionneur s'arrêta et les conduisit jusqu'à Niagara Falls.

Gerald continua sa route pour rentrer chez lui, mais Ted n'avait pas fini de visiter. En réalité, il était terrifié de rentrer à la maison et de se retrouver face à sa mère et aux souvenirs de Rebecca. Au moins ici, il y a des jours où je ne pense pas à elle. Je me demande si on peut jamais se remettre de la perte d'une personne que l'on a aimée. Je pense à elle mais pas aussi souvent qu'au début. Je crois qu'on travaillait trop dur au ranch. Après tout, peut-être que le travail exigeant et l'éloignement nous ont aidés.

Ted décida d'acheter une motocyclette avec ses économies au lieu d'essayer de faire du pouce. Il se dirigea vers le sud en passant par White Plains, New York, et finalement Boston dans le Massachussets.

"Eh bien, eh bien, voyez-vous çà?" s'écria l'oncle Ed de sa voix forte lorsque Ted arriva à son bureau.

"J'ai pensé venir voir si je peux trouver du travail ici aux États."

"Pour sû. Je cherche un employé, mais je te préviens, c'est un travail dur."

"Je n'ai pas peur de travailler dur, oncle Ed. J'ai travaillé très dur durant tout l'été."

"D'accord, tu peux commencer lundi, mais d'abord, viens à la maison avec moi. Tante Sally va être contente de te voir."

L'oncle Ted et la tante Sally habitaient juste à la sortie de Boston, dans une maison à deux étages, avec de magnifiques jardins descendant vers la rivière Mystie. C'était un endroit paisible, un changement complet avec les prairies arides. Et pour couronner le tout, un orage se préparait.

"Salut Tantie," dit Ted en entrant dans la maison.

"Oh Seigneur! Ted, je suis contente de te voir. Tu es si bronzé. Es-tu allé à la mer?" Elle passa ses grands bras autour de son neveu.

Ted serra sa tante dans ses bras et rit. "Non, et sûrement pas en vacances non plus. J'ai travaillé dans un ranch en Saskatchewan. Là-bas, il fait chaud et sec. Cette pluie me ravit."

"Je suis heureuse que tu sois là," dit Oncle Ed. "Viens, je vais te montrer ta chambre. Tu veux peut-être te laver pour le dîner, et après, on appellera tes parents pour leur faire savoir que tu es arrivé ici, sain et sauf."

Le délicieux repas fait de rosbif et de pommes de terre, rappela à Ted les dîners du Dimanche de sa mère. Ted ne voulait pas encore parler de sa famille.

"Merci pour le dîner," dit-il. "J'espère que çà ne vous ennuie pas, mais je suis vraiment fatigué. Je pense que je vais aller au plumard, oh excusez-moi, me coucher." *Oncle Ed sait que je ne suis pas prêt à parler avec Maman tout de suite.*

"Évidemment, tu as eu un long voyage," dit Tante Sally.

Ted se traîna jusqu'au lit aux draps frais et propres. *Je n'avais pas réalisé combien ces couchettes étaient dures. On dirait que je suis sur un nuage. Et la nourriture, c'est si bon.* Il rêva qu'il était de retour à la maison. Soudain, son rêve s'assombrit, et Ted se réveilla, effrayé. *Qu'est-ce-que c'était?* Il se leva, prit une douche et enfila les derniers chemises et pantalons propres qui lui restaient. *Je ferais mieux de voir si je peux laver mon linge.* Comme il commençait à descendre les escaliers, Ted entendit la voix tonitruante de son oncle et sourit. En fait, chanter était la première chose qu'il faisait le matin.

"Bonjour," dit Ted en entrant dans la cuisine.

"Bonjour à toi, as-tu bien dormi? As-tu faim? Es-tu prêt à aller travailler?"

"Oui pour tout, oncle Ed."

"A propos, je crois que tu devras laisser tomber *l'oncle* quand on sera au travail. Ed, çà me suffit."

"Bonjour, Ted, je t'ai préparé des oeufs brouillés et du bacon."

"Tante Sally, merci beaucoup, çà sent délicieusement bon."

Les vitres de l'auto étaient ouvertes. Ted s'en allait travailler avec l'Oncle Ed. Il pouvait sentir l'air salin alors qu'il s'approchait du chantier naval. Il respira et soudain, le souvenir de la maison l'envahit. "L'air salin me rappelle l'île Glassy. Je ne crois pas que vous ayez vu notre maison d'été, n'est-ce pas Oncle, je veux dire Ed.?"

"Non, j'ai bien peur qu'on ne soit jamais allé là en été. A quoi ressemblait-elle?"

"On avait une cheminée assez grosse pour y brûler une attache de chemin de fer. La maison était située juste de l'autre côté du verger de pommiers. On pouvait y cueillir des bleuets et des mûres grosses comme mon pouce. Naturellement, on en mangeait presque autant qu'on en cueillait. Quand on apportait nos paniers à Maman, elle faisait les plus merveilleuses tartes que tu pourrais imaginer."

"Je sais qu'elle est une bonne cuisinière, exactement comme ma mère," dit Ed.   '

'C'est comme si je sentais les tartes, à l'instant même, fraîchement sorties du four, le jus débordant de la croûte. Si on avait de la chance, elle la servait avec une boule de crème glacée à la vanille que Papa ou moi avions préparée plus tôt."

"Ted continuait à égrener ses souvenirs. "Tu sais, on voyait souvent des chevreuils courir dans les clairières au milieu des bois, spécialement tôt le matin et de nouveau au crépuscule. Et presque tous les jours, on allait au bassin Bedford pour manger ou pêcher. En général, l'eau était froide et rafraîchissante, mais quelquefois, elle était presque glacée. Comme la fois où l'on avait vu des phoques et leurs petites têtes noires qui rebondissaient au milieu des vagues. On pêchait du homard, des palourdes, des anguilles et on prenait souvent de l'aiglefin ou de la morue pour le dîner.

Des fois, peu importe où l'on se trouvait, on pouvait attraper quelques truites et les faire cuire sur un feu, juste pour un casse-croûte."

"Vous avez dû bien vous amuser, vous les enfants. Je parie que çà te manque."

"Oh oui, beaucoup! On a utilisé tous les moyens de transport qu'on trouvait, habituellement c'était un bateau à rames. Une autre famille habitait près de chez nous et ils avaient un vieux bateau Suédois. Il avait un pont sur le dessus où l'on a dansé." *Quelle vie* pensa Ted. *On avait tout pour nous.*

Les cris des mouettes, les voix des hommes dans le vacarme des camions et autres véhicules, rappelèrent à Ted la réalité au moment où ils s'arrêtaient au quai. Devant eux se dressaient trois gros bateaux.

Ted eut des papillons dans l'estomac quand il vit des hommes sur des échafaudages sur le côté extérieur d'un bateau entrain de gratter la peinture, comme s'ils n'étaient qu'à quelques pouces du sol.

"Je n'aime pas trop les hauteurs. J'étais plutôt nerveux quand on a travaillé sur l'horloge de la tour, même si la vue de là-haut était impressionnante! Quand on regardait en bas du côté du bassin, on voyait les magasins, les rues, les quais et la promenade. On a vu tellement de bateaux, des gros, et des plus petits aussi. Et si vous regardiez du côté de la colline, il y avait là la Citadelle avec ses canons prêts à protéger la ville."

"Halifax est une ville magnifique, Ted. Nous y voilà." Ed présenta Ted à l'un des hommes avec qui il devrait travailler.

"Rob, tu montres à Ted ce qu'il doit faire." Il se retourna vers son neveu, inclina la tête et lui dit de suivre Rob. Ted tendit la main à Rob qui la serra et lui décrivit le travail à faire.

Levant les yeux vers le côté du bateau, il expliqua, "En premier, on inspecte le bateau en entier pour estimer le travail à faire. Ensuite, en partant de la proue, on gratte et on sable jusqu'à ce que soit enlevée toute la peinture qui se décolle et s'écaille. Ensuite, c'est le tour d'une autre équipe. Ils appliquent un apprêt sur les parties qui ont été sablées. Après, une troisième équipe applique la peinture sur tout le bateau et avant même que tu t'en rendes compte, le bateau a l'air flambant neuf."

Il demanda à Ted de le suivre sur la passerelle. "On a du travail à faire ici aussi. Le laiton doit être nettoyé et poli et une nouvelle couche de vernis appliquée sur les boiseries en Teck. Ensuite, le pont est frotté à la brosse jusqu'à ce qu'il devienne pratiquement blanc."

Ted fut affecté au polissage du laiton. Çà lui rappela comment il avait souvent poli des bijoux au magasin de Bijouterie et de Réparation de Monsieur Young. Toutes les montres de ce magasin lui manquaient. *J'aime vraiment les affaires. Peut-être qu'un jour j'y reviendrai.*

Ed était fier de son neveu qui était un excellent ouvrier. Après environ trois mois, il l'approcha. "Eh bien, Ted, est-ce que tu aimes ce genre de travail? Est-ce que c'est ce que tu veux faire jusqu'à la fin de tes jours? Tu sais, un de ces jours, je vais souhaiter me retirer. Peut-être que tu aimerais prendre le relais de mon entreprise."

"J'aime ce que je fais en ce moment. J'adore l'odeur de la mer et je préfère de beaucoup ce climat à celui qu'on a enduré dans l'ouest, mais, de là à en faire une carrière, je ne pense pas. En fin de compte, j'aimerais revenir au métier que j'ai appris c'est-à-dire la réparation d'horloges et de montres."

"Eh! misère, pourquoi ne me l'as-tu pas dit? Je connais quelqu'un qui a un petit magasin sur l'Avenue Mass. Sa santé est défaillante. Je pense qu'il veut vendre son affaire. Est-ce que c'est ce que tu aimerais?"

"Avant l'explosion, j'avais l'idée d'ouvrir un magasin à Halifax. Je ne pensais jamais déménager ailleurs, mais c'est ce que j'aime faire. Savez-vous combien çà pourrait coûter, son affaire?"

"Non, mais je vais me renseigner. A propos, il va y avoir une prime dans ton enveloppe cette semaine. Ne me dis rien. Je t'ai observé quand tu travaillais et tu as été un employé exemplaire."

"Merci Ed...Oncle Ed. J'ai pu mettre de l'argent de côté parce que vous ne m'avez rien retenu ni pour la chambre ni pour la pension. Je crois que j'aimerais avoir ma propre boutique ici dans la région de Boston. J'ai peut-être assez d'argent pour démarrer."

"Peut-être que tu pourrais travailler pour ce monsieur souffrant jusqu'à ce que vous soyez d'accord sur un prix."

"Mais mes outils sont à Halifax."

"Alors rentres à la maison les chercher. Et tu ferais mieux de t'excuser auprès de ta mère quand tu seras là-bas. Quand tu reviendras, on parlera affaires."

Chapitre 25

Le Retour à la Maison

'Ted revint à la maison la deuxième semaine de Décembre. Il faisait encore doux durant le jour, mais les nuits étaient froides. Beaucoup d'arbres presque complètement dépourvus de leurs feuilles montraient encore quelques tâches de rouge, orange et or. Çà lui rappela la fois où Caroline avait oublié les crayons de couleur sur le radiateur. Il sourit à ce souvenir. Il avait des papillons à l'estomac en entrant dans la maison, mais il n'y avait aucune raison. Sa mère l'accueillit à bras ouverts. Il lui avait écrit une lettre d'excuses à elle en particulier quelque temps auparavant. La famille fut enchantée de le revoir.

Caroline s'était transformée en une vraie beauté. Jerry était presque aussi grand que Ted et Allan n'était plus grassouillet. Lui aussi avait grandi. Charles était un bambin très occupé et Elizabeth était adorable avec ses yeux bleus foncés et ses cheveux blonds.

Grand-maman restait Grand-maman, belle comme toujours. Ses cheveux entièrement blancs brillaient comme un halo dans la lumière. Son père lui sembla frêle et sa mère avait des rides sur le visage que Ted n'avait jamais remarquées auparavant. Çà fait si longtemps que çà?, se demanda-t-il. Mais ils étaient tous heureux de le voir et lui, content d'être à la maison.

Le centre ville de Halifax était encore en reconstruction. Son père avait été gérant de l'aréna pendant huit ans. Il aimait travailler ici près de chez lui et sa paye était suffisante pour subvenir aux besoins de sa famille. Maintenant, c'était devenu trop lourd pour lui et il avait pris un emploi à l'épicerie Greenwood. Son coeur était toujours à l'aréna cependant. Il avait développé une méthode unique pour aiguiser les patins appelée affilage concave. Ordinairement, les patins étaient aiguisés avec la meule en travers de la lame, mais il en résultait des bords rugueux. Jim aiguisait les patins en mettant la lame parallèle à la meule, lui donnant ainsi un grain plus fin. Seulement les bords touchaient à la glace. Après avoir aiguisé les lames, il les frottait jusqu'à ce qu'elles soient lisses comme du verre. La pierre à aiguiser qu'il utilisait était usée à l'endroit où il mettait ses doigts pour la tenir.

Beaucoup de joueurs de hockey professionnels trouvaient qu'ils patinaient plus vite quand c'était Jim qui aiguisait leurs patins. Quand les lames étaient bien affilées, Jim mettait les patins dans des tubes intérieurement tapissés de paille et les renvoyaient là d'où ils venaient; Montréal, Québec, Ontario et même des États-Unis. En plus d'être un expert dans l'aiguisage des patins, Jim était un expert pour faire la glace. Lorsque les jours et les nuits tombaient en-dessous de zéro, il attachait un boyau au robinet et inondait la patinoire. Certaines personnes avaient l'habitude d'ouvrir grand leurs robinets pour faire la glace, mais Jim, lui, envoyait une fine bruine. Après, il ouvrait les volets des fenêtres sous les estrades, ce qui provoquait un courant d'air sous le plancher. Et l'eau gelait dur. Même si c'était plus long à préparer, la glace était de loin supérieure. Ils avaient de la glace de Novembre à la fin de Mars, ce qui était parfait pour les parties de hockey, le patinage libre et le carnaval sur glace.

Le soir où Ted arriva, Caroline dressa la table avec la nappe en damassé et la belle porcelaine. Maman fit cuire un rôti de boeuf pendant que Grand-maman surveillait les petits.

"Est-ce que tu vas rester? demanda Allan.

"Non, je ne crois pas. Je veux ouvrir mon propre magasin à Boston. Oncle Ed en connaît un qui sera disponible bientôt." Il regarda autour de lui. Tout le monde avait l'air triste. "Hé! Réjouissez-vous, je reviendrai. Et vous viendrez me voir aussitôt que j'aurai un chez-moi. Qui sait, je pourrais même vous engager pour l'été."

Leurs visages devinrent radieux. Ted changea de sujet. "Racontez-moi ce que vous avez fait."

"Nous sommes retournés à l'école," dit Caroline. "J'ai un professeur formidable. Et je suis des cours en Art."

"Formidable. Tu devras me montrer quelques-unes de tes oeuvres. Et toi Jerry?"

Allan s'exclama. "Jerry et moi, nous allons participer à une course."

"Une course? Avec quoi vous allez courir?"

"A bicyclettes," dit Jerry. "Tu devrais voir Allan, c'est le plus rapide."

"Vraiment, c'est formidable."

"Et quelquefois, on va sur la glace. Pas avec des bicyclettes, mais avec des patins. Papa a acheté une paire de patins de vitesse à Jerry. On va participer à la course cet hiver."

"Tu as aussi des patins de vitesse?" demanda Ted.

"Non, pas besoin. Je vais assez vite avec mes vieux patins de hockey."

"On parlait de toi, l'autre jour," dit Caroline.

"Tu te rappelles la fois où tu es venu à la patinoire? D'abord les gens t'ont regardé, puis quelqu'un a pouffé de rire et bientôt tout le monde a éclaté de rire."

Ted s'en rappelait. Il portait des pantalons bouffants, un chapeau de Derby et une canne à la main. Ses patins noirs avaient de longues lames. Mais les gens ont dit que le plus drôle de tout, c'était sa moustache, à la Charlie Chaplin. Ted avait rasé le côté envers du manteau en mouton de Grand-maman et en avait fait une moustache. Quand il arriva sur la glace, il exécuta une série de contorsions idiotes, de glissades et de chutes. Tout le monde trouvait çà drôle. Tous sauf Grand-maman qui se posait des questions sur la moustache. Elle avait remarqué qu'il manquait un carré de fourrure à son manteau, mais elle pensait que c'était les mites qui se faisaient un festin avec la fourrure.

"Et tu te rappelles comme on avait joué avec le phonographe? J'étais réellement bon pour le remonter!" dit Allan tout excité.

"Je me rappelle lorsque Papa et moi, nous avions donné une soirée pour la veille du jour de l'An," dit Martha. On avait mis un disque et on dansait sur la musique. Il m'arrivait de jeter un coup d'oeil vers l'escalier, et vous étiez là, tous alignés sur les marches pour regarder la fête. J'allais dire quelque chose, mais Papa me fit tourbillonner et murmura, "laisses-les faire".

"Merci, Papa, je suis contente que tu nous aies laisser regarder," dit Caroline. "Je me rappelle que les dames étaient très belles dans leurs jolies robes, et tout le monde semblait très heureux."

Ted ajouta, "Est-ce que vous vous rappelez du jour où je jouais du piano pendant que vous trois, vous traversiez la salle à manger, puis passiez devant le piano, puis retourniez à la cuisine? A chaque fois, vous reveniez avec un instrument différent. D'abord vous aviez tous des couvercles de casseroles et les faisiez claquer comme des cimbales, ensuite, Allan est revenu avec une cuillère de bois et il frappait sur un gros pot que Jerry tenait."

"Oh, c'était tellement drôle," dit Allan.

"Entre autres souvenirs, je crois me rappeler que chaque fois que l'on passait devant la maison des Pugh, vous les enfants, vous fronciez votre nez en disant, pouah, pouah," dit Jim.

"Mais, Papa, c'était juste pour rire et après qu'on eût rencontré les Pugh on a arrêté çà."

Ted se leva. "Je déteste arrêter cette fête mais je dois vraiment préparer mes affaires. J'ai hâte de pouvoir acheter cette boutique et de commencer une nouvelle carrière. D'abord, il faut que j'appelle Gerald. Je n'ai pas de nouvelles de lui. Ted rendit à sa mère la petite Elizabeth qu'il tenait dans ses bras.

"Oh Ted, tu ne peux pas rester jusqu'à Noël? Tu nous a tellement manqué," demanda Caroline.

"Je ne sais pas. J'aimerais être ici pour Noël mais? Eh bien, je vais y penser. De toutes manières, il faut que j'emballe mes outils." Comme son père, Ted prenait grand soin de ses outils; ses loupes de bijoutier, le petit étau, les pinces, les longues pinces à épiler, les maillets, les nécessaires à polir, des dossiers et le graveur. Monsieur Young lui avait offert une trousse pour ses outils une année à Noël. Ted voulait s'assurer que tout était en bon ordre.

"Où est l'annuaire téléphonique, maman?" Il chercha le numéro des Keddy. La sonnerie retentit quelquefois avant que Madame Keddy ne réponde. "Madame Keddy, c'est Ted O'Neill. Je vais bien merci. Non, juste pour une courte visite. Dites-moi, est-ce que Gerald est là? Ah oui? Quand? Pas du tout, je n'ai pas de nouvelles de lui. Avez-vous son adresse? Merci. Comment va Monsieur Keddy? J'en suis heureux. Saluez-le pour moi et je vous embrasse. Merci Madame Keddy. Ce sera fait. Au revoir."

Il raccrocha le téléphone et commença à grimper l'escalier, mais s'arrêta. "Maman, savais-tu que Gerald Keddy s'était engagé dans la police montée royale?

"Non, je ne le savais pas. Lui as-tu parlé?"

"Non, sa mère me l'a dit. Je crois qu'il a bien fait. Il fera un bon policier."

Il hésita avant de redescendre l'escalier. Il la serra dans ses bras. "Je dois empaqueter quelques affaires. Ensuite j'espère avoir une bonne nuit de sommeil. Bonne nuit Maman."

Le téléphone sonna de bonne heure le lendemain matin. C'était Oncle Ed. Il lui dit que le propriétaire de la boutique qui les intéressait était tombé malade, si bien que l'achat serait retardé.

"Je suis déçu d'apprendre çà. Mais puisqu'il y a un délai, je passerai Noël ici. Je rentrerai à Boston avant le premier Janvier. Qu'en pensez-vous?"

"C'est bien correct Ted. Maintenant, passes-moi ta mère."

"D'accord, au revoir. Il tendit le téléphone à sa mère et se rendit au petit salon.

"Devinez quoi," dit-il. "En fin de compte je reste pour Noël et vous feriez bien de me dire ce que vous voulez pendant que j'ai encore de l'argent dans les poches sans çà, vous perdrez votre chance."

Caroline lui dit qu'elle voulait une nouvelle boîte de peinture. Jerry lui demanda un livre, mais Allan ne put se décider.

"Tu as le temps d'y penser."

"Mais il ne reste que deux semaines, Ted," dit Jerry.

"Deux semaines, eh, ce n'est pas beaucoup, n'est-ce pas?" Même s'il pensait encore à son deuil, Ted était heureux d'être à la maison. Mais il s'inquiétait beaucoup pour son père qui avait été toujours plein d'énergie et le pilier de la famille. Maintenant, il semblait être l'ombre de l'homme qu'il avait connu.

"Henry m'a demandé si je pouvais l'aider à affiler les patins ce soir. Il y a une partie demain matin et les gars veulent être prêts. Veux-tu venir avec moi?"

"Oui j'aimerais bien Papa, je ne suis pas allé à l'aréna depuis qu'elle a été réparée."

Quand ils entrèrent dans l'aréna, l'odeur de la patinoire glacée le frappa. C'était bon de se retrouver là et il regrettait de ne pas avoir apporté ses patins. A voir les joueurs remercier son père chaleureusement et se grouper autour de lui, on aurait pu penser qu'il était une célébrité. A peine Jim avait son outil à aiguiser dans les mains, que l'expression de son visage changeait. Il rayonnait en fait, et l'on voyait que c'était sa passion, être à l'aréna et aiguiser les patins à la perfection. Ted sourit et pensa, je suis si fier d'être le fils de cet homme. C'est quelqu'un qui suscite l'admiration.

Le jour suivant, Ted se rendit au magasin de réparation de bijoux et informa Monsieur Young de ses projets. "Merveilleux" dit Monsieur Young. "Tu seras un bon commerçant et je te souhaite bonne chance. Donnes-moi de tes nouvelles. Si jamais je peux t'aider, fais-le moi savoir."

"Merci Monsieur, j'apprécie votre offre."

Chapitre 26

La Tradition

"Papa, cette année, les garçons veulent nous aider à aller couper l'arbre de Noël. Quand pourrons-nous y aller?"

"Je ne sais pas mon fils. J'y ai pensé, peut-être qu'il est temps que tu te charges de cette corvée."

"Mais, Papa, tu l'as toujours fait, et les dernières années, j'y allais avec toi. Jerry et Allan veulent venir avec nous cette année. C'est devenu une tradition."

"Je sais, je sais, mais le temps est venu de commencer de nouvelles traditions. C'est le temps pour toi et les garçons que vous preniez la relève. Tu sais qui contacter et où aller."

"Je sais que tes maux de tête t'ennuient, donc, si tu n'en as pas envie…."

"S'il te plait fais-le. J'apprécierais."

"D'accord, mais si tu changes d'avis, dis-le nous."

Ted appela à la ferme des Flanagan pour avoir l'autorisation de couper un arbre. "Allons-y les gars, mettez vos bottes et des vêtements chauds, si vous voulez aider. J'ai déjà affilé la hache. Jerry, tu peux tirer le traîneau."

"Tu ne veux pas attendre Papa?" demanda Allan.

"Il nous a dit d'y aller sans lui."

Jerry et Allan semblèrent désapointés que leur père ne vienne pas avec eux. Cependant, ils se sentaient assez grands pour choisir l'arbre. La ferme était à une distance de trois miles, et il fallait prendre un petit sentier dans le bois pour choisir le parfait spécimen.

Ted réfléchit. Il n'y a pas assez de neige pour le traîneau. Si Papa était là, il aurait trouvé une autre solution. Il nous aurait peut-être même suggéré de transporter l'arbre plutôt que de le traîner. Si l'on reste en bordure de la route il y a probablement assez de neige.

Quand les fils O'Neill arrivèrent à la plantation, ils parlèrent avec Monsieur Flanagan et prirent la direction que l'homme leur indiqua.

Ils n'étaient pas allés bien loin quand Allan se mit à sauter avec excitation. "J'aime celui-là." dit-il en pointant un énorme sapin bleu.

"Il est trop grand pour notre maison," dit Ted en riant. "On va chercher encore." *J'adorais venir ici avec mon père. C'était un moment spécial pour nous. Je suppose que je dois faire en sorte que ce soit aussi un moment spécial pour mes frères, mais j'aurais tellement souhaité que Papa soit là.*

Ils regardaient les grands arbres, les minces, les gros, jusqu'à ce qu'ils trouvent celui qu'il leur fallait.

"Êtes-vous sûrs que c'est celui-là?" demanda Ted.

"Il est parfait," s'exclamèrent les deux garçons à l'unisson.

Alors, Ted tendit la hache à Jerry.

"Tu fais la première entaille, Jer, ensuite ce sera au tour de Allan."

Jerry, grand et mince, mania la hache comme un pro et fit la première entaille. Ensuite, ce fut le tour de Allan. Il eut du mal à frapper au même endroit que son frère mais détacha finalement un gros morceau du tronc. Ted finit le travail et ils hurlèrent "attention!" quand l'arbre tomba sur le sol. Ensemble, ils le hissèrent sur le traîneau et l'attachèrent solidement.

Madame Flanagan sortit de chez elle quand elle les entendit revenir vers la maison. "Attendez, voici quelque chose pour décorer votre porte. Dites à vos parents que nous leur souhaitons un joyeux Noël." Elle tendit à Ted une grande couronne décorée de plumes de perdrix, de baies et de cocottes.

"C'est très joli, Madame Flanagan. Merci. On transmettra vos voeux à nos parents. Je suis sûr qu'ils vous en souhaitent tout autant. Joyeux Noël. Ted déposa avec précaution la couronne au-dessus de l'arbre, et fit doucement glisser le bout de la corde en son centre.

"C'est très gentil de sa part, n'est-ce pas," dit Allan.

"Tout à fait."

"Brr, j'ai froid. Je me demande si Maman va nous préparer un chocolat chaud," dit Jerry en frissonnant.

"Moi aussi," dit Allan en écho.

Ted tira le traîneau. "D'abord,il faut rentrer et mettre l'arbre dans la remise, au cas où on aurait de la neige, ou pire, de la pluie. Il ne faudrait pas que l'arbre soit humide quand on va le rentrer dans la maison."

Ils tirèrent le traîneau chacun leur tour, et en arrivant, ils placèrent l'arbre debout contre un mur de la remise. Ted accrocha le traîneau à un clou, essuya la hache et la rangea, puis ils rentrèrent dans la maison.

Effectivement, la table était mise avec les tasses de chocolat chaud, à côté d'un plat de biscuits sucrés que Caroline et sa grand-mère venaient juste de faire. C'était une belle façon de commencer la saison des fêtes.

"Est-ce qu'on laisse le Père Noël décorer notre arbre, comme d'habitude, ou bien pensez-vous qu'il aimerait qu'on l'aide cette année?" demanda Martha.

"Vraiment, on peut le décorer? Ce serait tellement amusant," dit Caroline.

"On pourrait déjà accrocher ceci," dit Martha en admirant la couronne.

"J'ai toujours aimé ce tour de magie par lequel notre maison était transformée quand on se réveillait, le matin de Noël," se rappela Ted à voix haute, "et l'arbre décoré de lumières, de cheveux d'ange, de boules de verre et de clinquant, avec des paquets enveloppés de papiers brillants tout autour." Ted se demandait comment ses parents pouvaient faire tout cela en une seule nuit, parce que, à part leurs bas qu'ils avaient accrochés au manteau de la cheminée avant d'aller se coucher, il n'y avait aucun signe de fête. C'était vraiment magique.

"Je ne pense pas que ton père peut le faire cette année," dit Martha. "Alors, c'est peut-être le temps de commencer une nouvelle tradition et de décorer l'arbre tous ensemble."

"Oh Maman, on peut? Est-ce qu'on peut? On n'a jamais décoré l'arbre," supplia Caroline.

Martha regarda Ted. Il fit signe que oui. Elle sourit. "On le décorera Samedi."

Ted était content d'avoir mis le sapin dans la remise, parce que dans la nuit du Vendredi, une subite tempête de neige déposa un pied de neige sur le sol. Les garçons sortirent leurs pelles et dégagèrent l'allée et l'entrée de voiture avant de faire entrer le sapin dans la maison.

Caroline et sa mère sortirent les boîtes de décoration de Noël du grenier. Ils n'avaient pas célébré Noël l'année précédente, parce qu'il y avait tellement de maisons et de magasins à réparer, sans compter l'immense travail de réconfort auprès des amis et de la famille. Ils avaient hâte, à présent, de voir si les décorations avaient survécu à l'explosion. Par chance, la plupart d'entre elles étaient intactes.

Après qu'ils eurent installé l'arbre sur son support et s'être assurés qu'il était bien droit, Martha suggéra à Ted d'y enrouler les lumières puisque son père n'était pas encore rentré du travail.

"Je suis si contente que tu sois à la maison, Ted, tu as fait du beau travail."

"Merci, Maman." Ted sourit. Il était heureux d'être à la maison lui aussi. Quand les lumières furent accrochées, Martha tendit une boîte aux enfants qui, chacun à leur tour, suspendirent les boules colorées. Il resta une petite boîte qu'elle garda pour elle. A l'intérieur, il y avait des décorations spéciales; certaines venaient de sa maison d'enfance à l'île du Prince Édouard, d'autres étaient des cadeaux de son mari et d'autres encore avaient été fabriquées par les enfants.

Grand-maman donna à Charles et Elizabeth les décorations incassables et les autres enfants les aidèrent à les accrocher sur l'arbre.

"C'est beau," dit Charles.

"Beau," répéta Elizabeth. Tout le monde éclata de rire à sa petite mimique.

Martha murmura à Madame Boudreau, "Quel bonheur d'avoir une famille si adorable. J'aurais juste souhaité que Jim participe à la décoration. Il souffre tellement qu'il sera heureux, je pense, qu'on l'ait fait à sa place.

Madame Boudreau tapota le bras de Martha. "Je sais. Je suis désolée pour lui."

Quand le sapin fut achevé, Martha recula de quelques pas pour le regarder et dit, "Je crois que c'est le plus beau sapin qu'on ait jamais eu."

Ted rit. "Tu dis cela à chaque année, Maman."

"C'est vraiment le plus beau sapin que j'aie jamais vu," dit Madame Boudreau. Nos arbres étaient toujours très petits et nous avions très peu de décorations. Je suis tellement heureuse de partager la fête de Noël avec votre merveilleuse famille cette année."

Martha s'approcha de Madame Boudreau et la serra dans ses bras. "Nous sommes si contents que vous soyez ici, ma chère. C'est très important pour nous tous."

Ted se leva. "Je vais dans ma chambre. Je dois emballer quelques cadeaux. Alors, n'essayez pas de venir voir." Admirant le sapin, il dit, "Je crois que nous avons fait un travail fantastique."

Martha fit sortir tout le monde du petit salon et ferma la porte. "On va garder la porte fermée pour éviter que les petits ne fassent tomber 'arbre à terre. Et ceci est bon pour toi aussi ma petite Pumpkin."

A vrai dire, la chienne n'était plus un chiot. C'était un animal familier adorable pour les enfants, et Martha leur rappelait souvent que c'était la chienne de Madame Boudreau et qu'elle n'était là que provisoirement.

La veille de Noël, Grand-maman resta à la maison avec les deux plus jeunes enfants pendant que le reste de la famille alla à la Messe de Minuit. Après cela, ils mangèrent avec plaisir un léger repas qu'elle avait préparé. Tous, sauf Jim qui refusa de manger et s'en alla droit au lit.

Ted et Caroline lavèrent la vaisselle et accrochèrent leurs bas près de la cheminée. Onze bas ornaient le manteau de la cheminée; un pour chacun des enfants, plus les parents et Grand-maman, ainsi que pour Madame Boudreau et même un pour la chienne, juste assez grand pour un os.

"Le Père Noël va passer toute la nuit, juste à remplir les bas de chacun," dit Caroline

"Crois-tu? Je pense qu'on devrait aller se coucher pour le laisser commencer sa tournée," dit Ted en faisant un clin d'oeil vers sa mère.

Chapitre 27

Le Jour de Noël

Tôt, le matin de Noël, Allan sauta sur le lit de Ted le faisant sursauter.

"Hé, que se passe-t-il?"

"Réveilles-toi, Ted, c'est Noël. As-tu entendu les clochettes du traîneau du Père Noël? Jerry et moi, on les a entendues. Allez, mon paquet d'os paresseux, lèves-toi."

A contre-coeur, Ted repoussa les couvertures, mit sa robe de chambre et ses pantoufles et suivit son frère dans le corridor où ils attendaient tous en ligne, dans l'ordre selon leur âge.

Martha tenait Charles et Ted prit Elizabeth des mains de son père.

"Papa, est-ce que çà va?" demanda Ted. Il n'est pas comme d'habitude. Sa peau est pâle alors que d'habitude elle est rouge et en santé.

Jim hocha la tête en descendant l'escalier. Quand ils ouvrirent la porte du petit salon, ils eurent le souffle coupé. C'était magnifique, et il y avait tellement de cadeaux au pied de l'arbre. Les bas débordaient d'oranges, de bonbons et de petits cadeaux.

"C'est encore magique," fit remarquer Ted, "même si c'est nous qui l'avons décoré."

"C'est toi qui fait le Père Noël cette année, Ted," dit sa mère.

"D'accord." Ted fut soudain frappé par l'idée que ce Noël serait vraiment spécial. Il prenait une signification différente. Ce n'était pas tant les cadeaux que l'on avait emballés si joliment qui étaient importants, c'était la famille. Il eut un noeud dans la gorge alors qu'il s'empara brusquement d'un cadeau sous l'arbre. "Voyons voir, c'est écrit pour

Caroline, non, pour Jerry. Non, finalement, c'est écrit pour Allan."

Allan déchira promptement le papier enveloppant son cadeau et souleva le couvercle de la boîte: "Oh là là, des patins." Il en prit un, respira l'odeur du cuir neuf et le mit à son pied. "Il me va bien. Je parie que je vais battre tout le monde maintenant."

"Pour qui celui-là? Je n'arrive pas à lire l'écriture."

"Oh Ted, arrêtes de nous taquiner," dit Caroline avec un large sourire sur son visage.

Essayant de faire plaisir à tout le monde, il distribua les cadeaux, en donnant un à chacun tour à tour.

Le dernier cadeau qui resta sous l'arbre était bien mal enveloppé. Ted se demandait pour qui il était. Il le prit et regarda l'étiquette. Il était assez lourd pour un petit paquet.

"Tiens Papa, celui-ci est pour toi." Et il lui tendit le paquet.

Ted remarqua que les mains de son père tremblaient quand il ôta le papier pour en regarder le contenu. C'était une pierre à aiguiser.

"Çà vient de moi," dit Allan fièrement, "celle de l'aréna est complètement usée. J'ai pensé que tu avais besoin d'une pierre neuve. A propos, est-ce que tu pourrais aiguiser mes nouveaux patins?"

Ils éclatèrent tous de rire. "Bien sûr que je vais aiguiser tes patins, Allan. Merci, c'est un beau cadeau." Jim ne dit pas à son fils que l'usure de la pierre était normale et qu'après plusieurs années d'aiguisage, celle-ci était usée de façon à s'ajuster parfaitement à sa main.

Tout à coup, on entendit une petite voix étouffée: "Papa, où Lilibeth?"

Ils se tournèrent vers l'endroit d'où venait la voix et Elizabeth était là, assise sous l'arbre, avec la boîte de patins vide sur la tête, comme un grand chapeau. Ils éclatèrent tous de rire à nouveau quand la petite fille souleva la boîte et leur cria, "Moi ici."

Grand-maman fit savoir que le déjeuner était prêt et tout le monde réalisa soudain qu'ils avaient faim, si bien qu'ils abandonnèrent à contrecoeur leurs cadeaux pour suivre la bonne odeur qui venait de la cuisine.

Noël fut une grande fête, comme d'habitude, rendue encore plus spéciale par la présence additionnelle d'Elizabeth et de beaucoup de moments de rires et d'amour. Chacun reçut le cadeau qu'il avait souhaité avoir.

Chapitre 28

Une Autre Tragédie

Deux jours après Noël, Jim fut malade, il vomissait et il avait la diarrhée. "Çà doit être quelque chose que j'ai mangé," dit-il se traînant sans arrêt dans la salle de bains. Il y était depuis longtemps.

Martha s'inquiétait, "Jim, est-ce que çà va?"

La porte s'ouvrit et Jim sortit en titubant, blanc comme un drap. "Il faut que je m'étende."

"Je vais t'aider, Papa," dit Ted, prenant son père par le bras, et l'aidant à monter l'escalier et à se mettre au lit. "Veux-tu que je t'apporte quelque chose, n'importe quoi? As-tu froid?" Ted tira les couvertures sur son père jusqu' au menton.

Son père gémit en montrant sa tête.

"Encore ta tête?" Ted alla vers la fenêtre et tira les rideaux au moment où Martha entra dans la chambre avec un remède pour la douleur. Quand elle vit combien son mari était mal, elle dit à Ted, "appelles le docteur Munroe. Regardes s'il peut venir immédiatement."

Ted descendit l'escalier en courant et se dirigea vers le téléphone. En raccrochant, il dit, "Grand-maman, le docteur s'en vient tout de suite."

Grand-maman et Madame Boudreau tinrent les enfants occupés dans la cuisine, à faire des biscuits. Ted remonta l'escalier en courant et se mit à faire les cents pas en priant, épiant chaque mouvement de son père et chaque clignement de ses paupières. Il regardait la montre. "Pourquoi est-ce que les aiguilles ne bougent pas?" Même si cela lui sembla une éternité, moins d'une heure après, il entendit frapper un coup à la porte d'entrée. Il se précipita en bas de l'escalier, ouvrit brusquement la porte, serra la main du docteur et lui indiqua l'escalier. Ils se précipitèrent tous les deux dans la chambre à coucher, le docteur transportant sa trousse en cuir noir. Une

143

fois dans la chambre, le docteur se débarrassa de son manteau, Ted le saisit et le mit sur une chaise.

Le praticien mit sa main derrière la tête de Jim et vit une grande douleur dans les yeux du patient. "Çà c'est sérieux," dit-il en prenant son stétoscope. C'est alors que Jim tomba inconscient. Le docteur regarda Martha et Ted. "Ce n'est pas bon signe," dit-il en secouant la tête. Il se pencha à nouveau sur Jim pour vérifier les signes vitaux.

"Est-ce qu'on peut l'emmener à l'hôpital?" demanda Ted.

"J'ai peur qu'il ne soit trop tard," dit le docteur tristement, "il est parti".

Martha gémit et serra les mains sur sa bouche pour ne pas laisser échapper un cri de douleur. Ted entoura les épaules de sa mère et supplia d'une voix remplie de panique, "parles-lui, Maman, dis-lui de ne pas mourir!"

Les pensées se précipitaient dans l'esprit de Ted. *C'est impossible, il ne peut pas mourir. Il a une famille à élever.* Les souvenirs de l'année précédente se bousculaient dans sa tête. Il pensa au pauvre homme dans la boutique de réparations qui avait lui aussi une famille à élever, mais cela ne comptait pas, il était mort malgré tout. Et maintenant, c'était son père, qui avait seulement quarante-neuf ans. C'est seulement après qu'ils apprirent que la cause de la mort avait été un caillot de sang au cerveau.

"Où est Grand-mère," dit-il en regardant autour de lui.

"Dans sa chambre," dit Allan, le regard perplexe et le visage plein de miettes de biscuits.

Ted frappa à la porte où Grand-maman était entrain de plier la pile sans fin de lessive.

"Rentres," dit-elle. Quand elle vit son petit fils, elle comprit, à l'aspect de son visage, que ce n'étaient pas des bonnes nouvelles. Elle ne dit rien. Elle n'avait pas besoin de parler. Ted secoua la tête et se jeta dans ses bras.

"Pourquoi? Pourquoi? Pourquoi?" cria Ted.

Les enfants comprirent qu'il se passait quelque chose de dramatique et se précipitèrent dans la chambre. Grand-maman se baissa à la hauteur des enfants. "Nous devons prier." Les enfants s'agenouillèrent en cercle. "Seigneur bien-aimé," dit Grand-maman, "prends bien soin de Jim. Il a tellement souffert, donnes-lui la paix." Elle regarda les enfants et leur dit que leur père était entrain de mourir. Elle ne leur dit pas qu'il était déjà mort. Ils firent un cercle en se tenant par la main et pleurèrent sans retenue avec des larmes qui traduisaient leur profonde tristesse.

A partir de ce moment-là, toute la famille se mit à tourner en rond dans la maison, dans un état de torpeur. Plusieurs fois, Caroline, ou Jerry, ou Allan essayaient de dire quelque chose, mais un noeud dans la gorge les empêchait de parler et aussitôt, les larmes jaillissaient à nouveau. Ils ne pouvaient pas se retenir, leurs émotions débordaient et c'était contagieux.

"Grand-maman, peux-tu appeler le Père O'Sullivan, s'il te plait?"

"Bien sûr, cher." Elle téléphona au presbytère de Saint Thomas d'Aquin et demanda le Père O'Sullivan. Puis elle appela la soeur de Jim.

Accusant le choc de la nouvelle, Margie, la soeur de Jim s'écria: "Oh Mon Dieu, je ne peux pas le croire. Je vais appeler Francine. Nous viendrons dès que possible."

Ted prit le téléphone. "Merci Grand-maman, je vais faire les autres appels."

"Es-tu sûr? Cela ne me dérange pas."

"Je vais le faire." Il appela son oncle. Ils parlèrent longtemps, Ted essayant de rester calme. Oncle Ed lui dit que lui-même et Sally arriveraient le lendemain. Il appela chez les Greenwood, Henry à l'aréna, et enfin Monsieur Young au magasin. Il était épuisé quand il raccrocha le téléphone.

La nouvelle se répandit vite et après quelques heures, des amis et des voisins apportèrent des plats cuits au four, des soupes maisons, une dinde farcie fraîchement rôtie et offrirent d'aider. Les Greenwoods envoyèrent des paniers de fruits, du pain, et un grand plat de viandes froides.

Le Père O'Sullivan arriva, l'air grave, un grand contraste avec son habituel air jovial. Il avait baptisé la plupart des enfants O'Neill, et était souvent invité au dîner du Dimanche et autres fêtes de la maison. Il se sentait membre de cette famille. Il commença à serrer dans ses bras chacun d'eux, puis il monta l'escalier. Quand il redescendit, ses yeux étaient mouillés de larmes. Il rassembla les enfants dans le petit salon et leur dit que leur Papa avait été appelé au Paradis et qu'ils devaient lui dire au-revoir.

"Ne manquez pas de lui dire que vous l'aimiez," dit-il, les prévenant gentiment, que même s'il semblait dormir, son âme était déjà au Paradis avec Dieu. "Il ne souffrira plus jamais de maux de tête ou d'autres douleurs."

Les enfants passèrent un moment au chevet de leur père, en commençant par Ted qui s'agenouilla près du lit. Les larmes qu'il avait jusque-là retenues coulèrent abondamment. *Ce n'est pas juste qu'un homme si merveilleux ait tant souffert.* Quand Ted rouvrit les yeux, il regarda directement son père, et il vit qu'il avait l'air serein et calme. Il comprit alors qu'il reposait en paix. Il dit une prière, déposa un baiser sur son front et quitta la chambre.

Caroline vint ensuite. Elle chercha la main de son frère. "Ted peux-tu rester avec moi?"

"Bien sûr." Il lui tint la main et ils entrèrent dans la pièce sombre.

Quand à la fin chacun eût passé un moment avec leur père, Martha entra et ferma la porte. Elle resta là un long moment. Quand elle sortit enfin, l'entrepreneur de pompes funèbres et son assistant entrèrent dans la chambre et emportèrent le corps afin de l'embaumer et le ramener plus tard.

Jusqu'à présent, c'était Grand-maman qui était la plus forte dans la famille alors qu'elle s'occupait de son travail habituel, soit de nourrir et prendre soin de tout le monde.

Caroline aidait en s'occupant de ses frères et soeurs et Madame Boudreau s'arrangeait pour ne pas laisser traîner la vaisselle, lavant et essuyant les plats aussitôt qu'ils arrivaient dans l'évier en pierre à savon noire. Mais ce fut Grand-maman qui fit marcher la maison.

Allan et Jerry essayaient d'être courageux mais les larmes inondaient leurs joues aussi. Charles et Elizabeth semblaient ressentir la tragédie aussi même s'ils étaient trop jeunes pour comprendre. Tous les deux étaient inhabituellement calmes et se contentaient de se blottir dans les bras de quiconque voulait les prendre.

Chapitre 29

La Vie Doit Continuer

La journée passa très vite mais Ted aurait souhaité le contraire. Il voulait effacer sa peine et revenir au temps d'avant...avant quoi? Avant hier? Son père était alors souffrant. Avant l'explosion? *C'est en plein çà. On n'aurait pas....Je n'aurais pas perdu Rebecca, aucun d'entre nous n'aurait eu le coeur brisé par la douleur engendrée par la terrible explosion.* Par la suite, de bonnes choses sont ressorties de cette tragédie. Ils avaient hérité de la petite Elisabeth, et à présent, c'était comme s'ils l'avaient toujours eue avec eux. Je suppose que nous devons simplement accepter ce qui nous arrive et y faire face un jour à la fois.

Comment Maman va-t-elle se débrouiller sans Papa? pensait Ted. Elle dépend tellement de lui. Et mes frères et soeurs, ils ont encore besoin d'un père. Oh Mon Dieu, çà va être dur pour nous tous.

Ted s'était lui-même assigné la tâche de répondre à la porte d'entrée. Quand les gens arrivaient, il les accueillait, acceptait leurs condoléances, les présents en nourriture et leur réconfort, et les faisait entrer. Il pensait que sa famille n'avait pas besoin de parler avec tout un chacun pour le moment. Ils auraient le temps le lendemain à la veillée ou aux funérailles. Je dois protéger ma famille du chagrin et des épreuves autant que je le peux.

Les oncles et tantes de l'Anse aux Portuguais arrivèrent tard dans l'après-midi. Grand-maman et Caroline préparèrent de quoi les coucher.

Grand-maman avait déménagé dans la chambre de Caroline lorsque Madame Boudreau était arrivée de l'hôpital parce que la dame ne pouvait monter et descendre les marches.

"Tu peux reprendre ta chambre, Anne," dit Madame Boudreau. "Le lit est assez large, on peut le partager."

"C'est gentil de votre part, ma chérie, mais Martha m'a demandé de rester près d'elle. Elle était là lorsque mon mari est décédé et j'ai vraiment apprécié. Merci de ma l'avoir offert."

"Mon Dieu Madame, c'est votre chambre. C'est le moins que je puisse faire." Madame Boudreau sourit.

Ted céda sa chambre volontiers. Lui et Caroline avaient décidé de camper dans la chambre de leurs frères.

"Je peux dormir par-terre," dit Allan.

"Pas besoin," dit Ted. On peut se serrer tous les deux. On aura plus chaud de cette façon." Ted se leva tôt le matin suivant. Sa mère et sa Grand-mère étaient déjà à la cuisine entrain de préparer le petit déjeuner. Comme il s'approchait de sa mère pour l'embrasser, un gros sanglot se forma dans sa gorge. Ted avala mais le sanglot demeura là et aussitôt, les larmes jaillirent de ses yeux encore une fois.

"Tu ne sais pas qu'il est tout à fait normal de pleurer?" Elle posa la main sur son bras.

"Je sais, Maman, mais je veux être brave pour toi…et la famille."

"Tu fais très bien çà mon, chéri." Craignant de se mettre à pleurer elle aussi, elle se retourna pour prendre la théière sur le poêle. "Pour le moment, s'il te plaît, mets la chienne dehors. Elle est entrain de gémir à la porte."

Pendant que la chienne se précipitait à l'extérieur, Ted descendit les marches de la cour arrière. L'air était frais et cela faisait du bien dans les poumons. *Je suis tellement bouleversé, je veux bien faire les choses, mais je veux aussi commencer ma carrière. On dirait que ce n'est jamais le bon moment.* Un frisson parcourut le dos de Ted. Il siffla et la chienne revint aussitôt.

Martha versa une tasse de café à son fils puis s'assit à la table en face de lui. "David Hornsby a dit qu'il reviendrait à midi pour préparer le petit salon pour la veillée du corps. Ted, peux-tu l'aider? Je sais que tu prendras les bonnes décisions. Moi je ne peux pas,pas tout de suite."

"Bien sûr, Maman, je ferai tout ce que tu veux."

Bientôt, la cuisine fut remplie avec les enfants et les parents. Ted finit son café et alla au petit salon. *Comment diable vont-ils redisposer cette pièce? L'arbre de Noël occupe tout le coin et il y a plein de meubles.* Ted ne s'était pas rendu compte que Monsieur Hornsby et son assistant étaient à la porte.

"Entrez," dit Ted. "Par ici."

Monsieur Hornsby était un homme grand et maigre. Il avait la voix douce et traitait la famille avec le plus grand respect. "Est-ce que je pourrais voir la pièce où il sera exposé?"

"Bien sûr." Ils suivirent Ted dans le petit salon. Faisant le tour de la pièce du regard, Monsieur Horsby demanda, "Est-ce que cela vous dérangerait si nous enlevions l'arbre?"

Au début, Ted fut secoué en entendant la question, mais il savait déjà que c'était la chose la plus pratique pour faire de la place pour le cercueil. Il hésita un moment puis lui suggéra sa propre idée. "Je voudrais le déplacer dans une autre pièce."

"Çà peut se faire bien que ce sera difficile de le déplacer sans perdre quelques décorations," dit l'entrepreneur en pompes funèbres. "Mais on peut essayer." Avec l'aide de son assistant, l'arbre fut installé avec précaution dans la salle à manger en face de la baie vitrée. On ne perdit qu'un petit morceau de guirlande en chemin. Ensuite, les hommes enlevèrent le sofa et la grosse chaise rembourrée et les placèrent provisoirement dans la chambre de Grand-maman. Ils redisposèrent les autres meubles afin de pouvoir ultérieurement placer le cercueil.

"Voilà, je pense que tout est prêt. On reviendra dans une heure environ." Sur ce, les deux hommes quittèrent la maison.

De retour dans la cuisine, Ted prit sa mère par la main. "Viens avec moi." Il l'emmena dans la salle à manger.

"Oh Ted, C'est très beau," Elle embrassa tendrement son fils. "Je te remercie d'avoir gardé l'arbre. J'avais si peur qu'ils aient été obligés de le défaire. Je sais que ton père serait heureux de le voir ici. Noël a toujours été une fête spéciale pour nous. Çà fait très joli près de la fenêtre."

"C'est vrai," dit Ted en souriant à sa mère.

Le corbillard avança dans l'entrée de voiture. Les hommes transportèrent le cercueil dans le petit salon et l'installèrent près de la fenêtre. Des chaises pliantes furent placées le long des murs. Des paniers de fleurs furent disposés sur des supports en arrière du cercueil et des lampes de faible intensité de chaque côté, un petit banc pour s'agenouiller fut placé devant.

"Çà fait bien. Merci," dit Ted. Il s'approcha du cercueil avec précaution. Quand il regarda son père, il fut très surpris. On dirait qu'il vient de fermer les yeux pour un instant. Jim portait ses lunettes, les mains jointes sur son chapelet en ébène. Ted dit une prière, ravala ses larmes et quitta rapidement la pièce.

Un grand coup frappé à la porte fit sursauter Ted. Il ouvrit. C'était Oncle Ed et Tante Sally qu'il accueillit à bras ouverts et bien des larmes, puis il les conduisit dans la cuisine. Martha fut soulagée que son frère arrive enfin. "C'est loin Boston," dit-elle. "Vous devez être épuisés."

"Non, nous avons décidé de prendre le train," répondit son frère. "Nous avons pensé que ce serait plus facile et plus sûr que de rouler sur les routes glacées. Et comme on s'est reposés durant tout le voyage, nous ne sommes pas trop fatigués. Qu'est-ce qu'on peut faire pour vous aider?"

"Rien que votre présence ici, çà nous aide beaucoup," répondit Martha.

Le père O'Sullivan était dans le petit salon. Il avait approuvé d'un signe de la tête en faisant le tour de la pièce, puis s'était agenouillé près du cercueil pour prier. Quand il eut fini, il fit entrer la famille immédiate. Le prêtre avait expliqué aux enfants ce qu'ils allaient voir.

Deux par deux, ils firent à nouveau leurs adieux à leur père. Au début, Caroline eut peur de le regarder, mais après coup, elle fut contente de l'avoir fait. Il ressemblait encore à son père. Elle ne savait pas à quoi s'attendre. Allan hésita puis s'étira pour toucher la main de son père et murmura, "je t'aime, Papa."

Martha prit Charles par la main et s'approcha de l'agenouilloir. Le petit garçon resta debout pendant que sa mère priait. Puis, il la regarda, mit un doigt sur sa bouche et murmura, "chut, Papa dodo." Martha acquiesça et sourit. Elle savait que son mari serait fier de son plus jeune fils.

Ted emmena Elizabeth et quand elle vit la dépouille elle dit, "DaDa." Elle voulait aller près de lui mais Ted lui dit qu'il dormait.

D'autres parents, aussi bien que des amis et des voisins vinrent saluer la famille et lui exprimer le profond chagrin qu'ils ressentaient. Ils s'assirent sur les nombreuses chaises alignées tout autour de la pièce jusqu'à ce que Monsieur Hornsby les prie de passer dans la salle à manger.

Un groupe de femmes de la paroisse se leva et mit des plats cuisinés sur la table. La maison était pleine mais il y eut assez de nourriture pour tout le monde. Après s'être restaurés, ils se mirent tous debout dans le hall pendant que le prêtre récitait le chapelet. Après cela, tout le monde quitta la maison.

La journée avait été éprouvante. Environ deux cents personnes étaient venues saluer Jim et sa famille. Les soeurs de Jim et leurs maris s'en allèrent en promettant de revenir pour les funérailles. La famille de Martha put alors occuper la chambre de Ted.

Il était tard quand tout le monde fut enfin couché, tous, excepté oncle Ed qui s'était porté volontaire pour veiller son beau-frère bien-aimé.

Chapitre 30

Et Après?

Ted tomba endormi aussitôt que sa tête fut sur l'oreiller, mais pas pour longtemps. Il continuait de penser à son père et à sa famille. Déchiré entre sa volonté d'ouvrir son magasin de réparations de bijoux au Massachussets et le sentiment d'être obligé de rester à Halifax pour aider sa famille. Il toussait et se tournait, essayant de ne pas déranger son petit frère.

Finalement, il se leva et descendit. Une lumière était allumée dans le petit salon. Oncle Ed était assis sur une chaise droite, la tête entre ses mains.

Ted entra et s'assit près de son oncle. "Est-ce que çà va?"

Oncle Ed se redressa et cligna des yeux. "Je crois que je me suis endormi pendant un instant."

"Oncle Ed, qu'est-ce qu'on va faire maintenant? Étant donné que je suis le plus âgé des enfants, je me sens obligé de m'occuper de Maman, Grand-maman et les enfants."

"Cette responsabilité n'incombe pas seulement à toi, Ted, on va tous vous aider de notre mieux. On pourra y penser dans les prochains jours. Ensuite, tu me diras ce que tu veux faire."

"Je sais déjà ce que je dois faire, mon oncle. Je dois trouver un travail ici à Halifax pour aider ma famille. Ils ne pourront sûrement pas joindre les deux bouts avec le peu d'argent qu'ils ont épargné et pas de salaire en vue."

"Il y a Summerhill. Vous pourriez probablement avoir un bon prix pour cette propriété."

"Oh, non, on ne peut pas vendre cette place. Elle a été un lieu de retraite enchanteur pour notre famille. Là-bas, les enfants sont libres de pêcher, de nager et…."

"C'est vrai, mais il faut être pratique Ted. Tu devrais au moins y réfléchir."

"Je le ferai. J'essaierai de trouver un autre moyen que de mettre la maison en vente. Autre chose, je ne crois pas que ce soit le moment pour moi de m'en aller à Boston pour démarrer ma nouvelle entreprise." Il hocha la tête. "J'étais vraiment très excité à l'idée d'avoir mon propre magasin, mais çà ne peut tout simplement pas se faire. Ce n'est pas le moment."

Craignant d'avoir l'air de s'apitoyer sur son sort, Ted se leva. Il entendit un bruit dans la cuisine. Il laissa son oncle et alla voir. Tante Sally s'affairait à faire du café et à préparer en vitesse le petit déjeuner.

"Je crois qu'on a aussi du lard Tante Sally." Ted alla dans la chambre froide et revint avec un morceau de lard. Bientôt, l'odeur du lard rôti, du pain grillé et des oeufs frits combinée à l'arôme délicieux du café, attira le reste de la famille vers la cuisine.

Allan tira les chaises vers la table et Jerry aida Charles et Elizabeth à s'y asseoir pendant que Caroline apportait leurs bavettes. Madame Boudreau sortit de sa chambre et commença à mettre la table pour toute la famille.

Bientôt, Maman et Grand-maman descendirent. Au début, tout le monde était tranquille et réservé, mais après avoir bu quelques tasses de café et prit le déjeuner, la famille commença à se détendre.

"Racontez-moi votre fête de Noël," dit Oncle Ed aux garçons. "Est-ce que le Père Noël est passé?"

"J'ai eu des patins à glace neufs," répliqua Allan. "Je te les montrerai après le déjeuner."

Puis tout le monde se mit à bavarder et même à rire des bouffonneries d'Elizabeh et de Charles et des souvenirs des moments et évènements heureux du passé.

Soudain, Caroline se leva et s'exclama, indignée: "Je crois qu'on ne devrait pas rire et s'amuser. Après tout, notre Père vient de mourir."

Quittant la table, Oncle Ed entoura la jeune fille de ses grands bras. "C'est correct de rire, chérie. Tu sais bien que votre Père n'aurait pas aimé voir une bande de visages renfrognés autour de cette table, n'est-ce pas?"

Caroline le regarda avec méfiance puis sourit d'un air penaud. "Vous avez peut-être raison."

"A propos, Martha, Madame Brown, du comité pastoral, m'a dit qu'elle viendrait ici vers deux heures aujourd'hui encore pour apporter de la nourriture," dit Grand-maman. "J'allais presque oublier de te le dire."

"Les dames de la paroisse ont été formidables. Elles travaillent fort et sont si prévenantes," dit Madame Boudreau. "Je n'ai pas trouvé une seule assiette à laver. Elles ont tout débarrassé et lavé."

"C'est un beau témoignage pour Jim et la famille entière," ajouta Tante Sally. "Vous pouvez dire que vous êtes tous aimés et respectés dans la communauté entière et pas seulement à l'église.

"Je sais et j'en suis reconnaissante," dit Martha.

"Maman, Grand-maman a dit qu'aujourd'hui on pourrait jouer avec un casse-tête dans sa chambre, de cette façon on ne vous encombrera pas. On gardera aussi Elizabeth et Charles avec nous."

"C'est parfait, mon chéri."

Chapitre 31

La Fin d'une Époque

Le père O'Sullivan présida la messe des funérailles le Mardi matin. L'église était pleine,un témoignage de respect et d'estime rendu à Jim et sa famille.

L'orgue jouait doucement une musique de fond jusqu'à ce que le cortège funèbre démarre et que le prêtre arrive jusqu'au choeur suivi par un servant de messe qui tenait le brûleur à encens. Le cercueil, porté par six croque-morts, tous des amis de Jim, avança dans l'allée centrale et fut placé au pied de l'autel. Venait ensuite la famille. Ted soutenait Martha, habillée d'une robe noire avec des gants assortis et d'une mantille noire couvrant sa tête. Sa grand-mère, aussi habillée de noir tenait l'autre bras de Ted, et les enfants suivaient de près.

Martha attendit que les enfants remplissent le banc d'Église. Sa mère s'assit d'un côté avec Elizabeth blottie dans ses bras et Caroline de l'autre. Martha s'assit à côté des garçons et Ted en bout de rangée.

Le prêtre se retourna, s'inclina devant l'autel fit face à l'assemblée des fidèles et les bénit: *"Au nom du Père, du Fils et du Saint-Esprit, Amen."*

Les pensées de Ted vagabondaient ailleurs. Il savait combien son père manquerait à la famille. Il refoula ses larmes et tenta de se concentrer.

Après avoir lu l'Évangile, le Père O'Sullivan fit un sermon: "Je connais la famille O'Neill depuis plusieurs années. En fait je crois avoir baptisé la plupart de leurs enfants. La mort de leur père est infiniment triste. Jim était une personne sympathique, tranquille de nature, droite et honnête, qui était aimé de tous ceux qui le connaissaient. Sa mort est bien triste car il laisse une veuve et des enfants. Je sais que beaucoup d'amis sympathisent avec eux."

Dans son coeur, Ted pria non seulement pour son père bien-aimé, mais aussi pour sa chère Rebecca et les nombreux autres morts qu'il avait vus. Tout lui revint à l'esprit encore une fois. Il n'avait pas honte de ses larmes parce qu'elles étaient sincères. Ses frères et ses soeurs grandiraient sans leur père, celui qui avait toujours été là pour sa famille, un homme qui était un merveilleux modèle et pour qui chacun de ses enfants avait le sentiment d'être quelqu'un de spécial.

La cloche retentit et l'esprit de Ted reprit à nouveau conscience de la messe alors qu'ils s'agenouillaient pour la consécration. Le choeur continuait; *"Sanctus, Sanctus, Sanctus."* Bientôt, ce fut la communion. Ted accompagna sa mère à la table de communion. Un enfant de choeur plaça la patène sous son menton pendant que le Père O'Sullivan levait l'hostie en disant, *"Corpus Christi."* Plaçant la précieuse hostie sur sa langue, il répéta son geste pour chaque communiant. Ted aida sa mère et sa grand-mère à revenir à leurs places et prit les bébés pendant que Caroline, Allan et Jerry prenaient la communion.

Quand la messe fut terminée, le directeur des funérailles fit signe à la famille de commencer la procession. D'abord Ted, puis chacun des membres de la famille à son tour, toucha le cercueil avec amour en sortant de l'église. L'enterrement était au cimetière du Mont Olivet où la famille se rassembla autour du tombeau. Les hommes avaient au préalable chauffé puis creusé la terre gelée avec une machine,et un dais et des chaises avaient été disposés tout près.

Ted frissonna alors qu'il s'assoyait avec sa famille. Un vent vif semblait vouloir traverser son manteau. Il eut presque aussi froid que le soir où il était allé dans les terrains de la ville.

Quand les gens se furent rassemblés, le prêtre dit encore des prières et lentement, le cercueil fut descendu. Juste à ce moment-là, le vent cessa et le soleil fit son apparition. Tout le monde leva la tête et sourit. C'était bon signe et beaucoup de gens souriaient en se levant pour s'en aller. Martha pensa à l'enterrement de son père. Ce jour-là aussi, le soleil était sorti après toute une journée de pluie.

Chapitre 32

L'Avenir

De retour à la maison, la famille s'assit autour de la table de la cuisine et ils parlèrent de la maison et de leur père. Ils ne pleuraient plus, ils étaient assommés par la douleur.

Ted entra dans le salon et fut surpris de le voir en ordre, tout étant replacé comme d'habitude. Quand Monsieur Hornsby avait-il fait çà? Il était soulagé que toute cette épreuve soit passée. Ces quelques jours avaient été épuisants.

La Tante Sally s'excusa et se leva de table pour aller faire ses bagages. "On prendra le train de l'après-midi."

Oncle Ed se leva. "Martha,pouvez-vous venir toi et Ted dans la salle à manger? Il faut qu'on se parle."

"Oh oui, cher, bien sûr." Martha essuya sa bouche avec sa serviette.

Ted les suivit. Quand ils furent assis, Ed leur expliqua ce qu'il avait en tête.

"Regardez, je sais qu'il est encore trop tôt, mais on doit en parler. Çà va être très dur pour toute la famille sans le salaire de Jim, Martha. Sally et moi on en a discuté et on pense que votre vie doit continuer normalement autant que possible."

Martha essaya de l'interrompre mais son frère leva la main. "Évidemment, la vie ne peut plus vous sembler pareille pour l'instant, avec le grand vide que Jim a laissé. C'était un bon mari pour toi, Martha, un père merveilleux pour ses enfants… tout simplement un homme formidable. Il va nous manquer à tous. Ce que je veux dire, c'est que je ne veux pas que l'argent soit un problème."

"Étant donné que Sally et moi nous n'avons pas d'enfants à nous, nous sommes d'accord pour aider votre famille financièrement. Nous contribuerons au bien-être financier de la famille O'Neill pendant un an. De cette façon, votre vie continuera normalement. A la fin de l'année, on reparlera finances une autre fois pour réévaluer la situation."

Martha protesta mais Ed secoua la tête. "Laisses-moi finir, Martha. Je voudrais savoir combien çà coûte pour entretenir une famille comme la vôtre. Vous savez, j'ai eu de la chance dans le domaine de mon travail. Je serai ravi de partager ma bonne fortune avec vous. J'ai mis sur papier quelques chiffres, mais je dois savoir quel était le salaire hebdomadaire de Jim et quelles économies vous avez. Je sais que vous êtes propriétaires de la maison et d'une maison d'été. Qu'y-a-t-il d'autre?"

Ed écrivit d'autres chiffres. "Oh oui, et voyons voir, ils sont cinq, et non six, plus toi et ta mère. Je sais que Madame Boudreau n'est là que temporairement."

Martha essuya les larmes qui coulaient sur ses joues et eut quelque difficulté avant de pouvoir parler. "Madame Boudreau insiste pour nous donner de l'argent à tous les mois. Elle n'est pas riche, mais elle dit qu'elle se sentirait mal à l'aise de ne rien payer."

"Et j'ai de l'argent que j'ai mis de côté l'été dernier, Maman. Je trouverai un emploi ici et je vous aiderai de mon mieux" dit Ted en prenant la main de sa mère.

Ed intervint. "Non Ted, tu ne feras pas çà. Je suis désolé, mais tu as un avenir à bâtir. Tu as la chance de démarrer un commerce. Je pense que c'est une grande opportunité, dans un domaine que tu aimes et dans lequel tu as une formation. Je sais que tu as besoin de rester ici avec ta mère pour quelque temps, mais après, tu ferais mieux de descendre dans le Massassuchets. C'est un coup de chance que l'achat de la bijouterie ait été retardé, mais çà ne durera pas une éternité."

Martha tamponna à nouveau ses yeux avec son mouchoir. "Je crois que ton oncle a raison, mon chéri. Tu dois poursuivre tes projets. Tu sais que ton père aurait détesté être une entrave à tes premiers pas dans ta carrière."

Ted respira profondément. "Je sais que c'est la chance d'une vie, avoir mon propre magasin. Il est très bien situé et le prix est bon aussi, mais je ne peux pas partir avant de savoir que toi et les enfants, vous serez bien."

"Ted, penses un peu à ce que ton Papa dirait." Un sanglot s'échappa de la gorge de Martha. Elle avait beau essayer, elle n'était pas capable d'arrêter ses larmes de couler. "Je suis désolée" dit elle en essuyant ses yeux et en se redressant. "Tu sais qu'il t'aurait poussé à aller de l'avant, surtout en sachant que nous serons bien financièrement. Mon frère nous a fait une offre très généreuse. Je crois qu'on devrait l'accepter."

Regardant d'abord sa mère, puis son oncle, Ted dit. "Je ne sais pas quoi dire. Çà a bien du bon sens, cependant…."

"C'est ton sens du devoir qui te freine et te retient ici." Oncle Ed regarda son bloc-note, secoua la tête, puis continua, "je crois que la question est réglée, n'est-ce pas Martha?"

"Oui, Ed, je le crois et je vous suis si reconnaissante à toi et Sally de nous aider à nous en sortir. J'espère seulement que nous pourrons vous rendre un jour votre gentillesse."

"Tu plaisantes? Te rappelles-tu combien de fois tu m'as sorti du pétrin quand nous étions enfants, sur l'île? C'est moi qui suis en dette, chère soeur."

Ted quitta la pièce en secouant la tête. "Je ne connais pas votre passé."

Ted resta avec sa famille les quelques semaines qui suivirent, à passer du temps avec ses frères et soeurs, à les encourager à parler de leur papa, et à faire un budget avec leur mère.

Un soir, il reçut un appel de son oncle. Le propriétaire de la boutique était prêt à vendre. "Tu dois venir tout de suite."

Ted était tiraillé par ses émotions. Il souhaitait ardemment se faire une carrière. Il savait que sa famille pouvait se débrouiller financièrement, mais il se sentait aussi très proche de sa mère et de ses frères et soeurs, plus proche qu'il ne l'avait été depuis longtemps. Il savait aussi qu'il fallait qu'il se décide à bâtir son avenir, si bien que, après les larmes, le coeur serré et les promesses d'écrire, Ted leur dit au revoir et partit pour Boston.

Chapitre 33

Un Nouveau Départ

Le projet d'avoir son propre magasin était excitant. Avec l'aide de son oncle, ils plongèrent dans les travaux pour installer le magasin selon les exigences de Ted. Les clients vinrent très vite, certains par curiosité, et d'autres pour faire réparer des montres et des bijoux. Quelques-uns achetaient même des pièces neuves. Ted était plus occupé qu'il ne l'avait été depuis très longtemps. Enfin, je fais ce que j'ai toujours voulu faire. Il n'avait pas été aussi heureux depuis l'explosion. Je crois que c'était la chose à faire songeait-il.

Bientôt, ce fut la fin de l'hiver et avant qu'il ne s'en rende compte, les signes du printemps firent leur apparition un peu partout. Ted fut tout excité lorsque Tante Sally lui montra les boutons de crocus colorés qui sortaient de la terre réchauffée.

Un peu avant Pâques, Ted assista à une exposition de bijoux à Boston. Il voulait voir les dernières nouveautés dans les montres et les tendances dans les bijoux, et prendre des idées pour savoir comment exposer les différents items. Pendant sa visite, il remarqua une grande femme mince. Elle était habillée à la mode, les cheveux coiffés selon les derniers styles. Ted entra dans la tente où elle se trouvait.

Elle leva les yeux et sourit. "Mon nom est Anna. En quoi puis-je vous aider, Monsieur?"

Ted avait le souffle coupé. Sa voix était sensuelle et cela le prit par surprise. "Oui, j'étais en train d'admirer votre exposition de bijoux."

"Merci. Voulez-vous voir quelque chose en particulier?"

"Non. Oui. J'aimerais voir cette alliance en émeraudes." *Par exemple, elle est absolument splendide.*

Ce fut le début d'une nouvelle amitié dans la vie de Ted et il était vraiment heureux. Après quelques mois, une lettre de sa mère arriva, lui disant qu'ils allaient partir pour Summerhill. "J'ai quelqu'appréhension," écrivait-elle, "mais je crois qu'on devrait y aller, au moins pour cet été."

Quelques semaines après, il reçut une lettre de Caroline.

Cher Ted:
Au début, j'ai détesté me retrouver ici parce que Papa n'y était pas et tu n'y étais pas non plus mais te rappelles-tu de David Thorpe? J'ai fait la connaissance de son frère Thomas, cet été. Il est gentil. Mignon aussi. Et il n'est pas comme les autres garçons d'ici qui sont souvent grossiers. Non, Thomas est vraiment gentil avec moi. On a toujours beaucoup de sujets sur lesquels discuter. Thomas dit qu'il veut devenir architecte.

Oh, Ted, je voudrais parler de lui à Maman mais j'ai peur. Tu sais comment elle est. Je ne sais pas si elle acceptera que je sorte avec un garçon, encore moins un Indien. Crois-tu que je devrais lui en parler? S'il te plait, réponds-moi vite.

Je t'aime, Caroline

"Seigneur, quoi encore," dit Ted à voix haute. "Maman va avoir une attaque, je le sais. Je ne vois rien de mal à ce qu'elle sorte avec Thomas. Les Thorpes sont des gens bien. David et moi on était de bons amis, en fait, on était frères de sang. Il y a longtemps, on s'était tailladés les poignets, puis on les avait attachés ensemble afin que nos sangs se mélangent. Mais Maman, çà, c'est une autre histoire!"

Ce même après-midi, après son travail, Ted s'arrêta au magasin du coin et acheta un journal de nouvelles. Il trouva la page des annonces classées et éplucha celles des maisons à louer. Aha! Voilà exactement ce qu'il me faut. Quatre chambres à coucher, une salle de bain, un salon, une salle à manger,une cuisine et une véranda avec moustiquaire. Le jour suivant, un Dimanche, Ted prit l'autobus pour les collines de

Arlington où se trouvait la maison. L'endroit avait l'air en bon état et il y avait même une petite cour arrière clôturée. Il se dirigea vers une cabine téléphonique, appela le numéro de téléphone inscrit et prit un rendez-vous. Le propriétaire lui dit qu'il le rencontrerait dans l'heure.

Ted fit le tour du quartier à pied. Il y avait une petite épicerie sur le coin. Çà me convient, pensa-t-il. Il fit un autre appel.

"Oncle Ed, c'est Ted. Je suis de l'autre côté, sur l'avenue Highland pour voir une propriété à louer…Non, pour la famille. Oui J'ai un rendez-vous pour la visiter aujourd'hui mais j'ai marché alentour et çà me paraît très bien. Un beau voisinage. Près du trolley aussi. D'accord, je te le ferai savoir. Au revoir."

"Si le loyer est raisonnable, je la prends tout de suite. Çà résoudra le problème de Caroline et Thomas," dit Ted à voix haute.

Le propriétaire se présenta alors que lui et Ted se serraient la main. "Entrez, je vais vous faire visiter. Le locataire précédent vient de s'acheter une maison si bien que la place est libre. Je veux la rafraîchir un peu avant de la louer. Vous êtes le premier visiteur.

Ils montèrent les trois larges marches qui menaient à la véranda en façade. Le propriétaire mit la clé dans la serrure. En entrant sur le pas de la porte, il eut une impression de déjà vu. Elle lui rappelait la maison d'Halifax. Çà a l'air très bien, pensa Ted. Ils se mirent d'accord pour le loyer, à partir du premier Septembre.

Ted était transporté de joie. Maintenant, la famille serait à nouveau réunie. Au lieu de téléphoner à son oncle, il décida d'aller directement au chantier naval. Oncle Ed fut content que Ted ait trouvé quelque chose si vite. "Est-ce que cela signifie que tu vas déménager d'ici ? Tante Sally aura le coeur brisé mais nous comprendrons."

"Je ne suis pas sûr. Je voudrais d'abord installer la famille. J'aime vivre ici mais je ne sais pas. Je n'ai pas pensé à moi."

Ce soir là, après dîner, Ted téléphona à sa mère. "Maman, comment vas-tu? Est-ce que tu passes un bel été?

Martha ne voulut pas dire à son fils qu'elle était malheureuse. Leur maison d'été avait tant fait partie de la vie de son mari, sans lui, elle n'avait plus le même attrait. De plus, les deux hommes lui manquaient. Çà va bien mon chéri."

"Tu me manques, et les enfants aussi." Il hésita. "Maman, aimerais-tu déménager aux États-Unis? J'ai trouvé une très jolie maison à louer. Elle me rappelle notre maison de la rue Quinpool. Je sais que tu l'aimeras et ce serait bon d'être tous ensemble. Le loyer est assez raisonnable et c'est disponible à partir du premier Septembre.

"Oh chéri, Septembre? Alors,çà veut dire que les enfants devront être inscrits à l'école là-bas? n'est-ce pas? Mon Dieu, c'est beaucoup de choses à penser."

Martha s'arrêta un moment. "Ted, l'été a été très dur pour nous. Tu nous manques ainsi que ton père et c'est qu'il y a tellement de choses à faire. Il a plu presque tous les jours et les moustiques sont féroces. Il me semble que les États-Unis seraient un bon changement pour nous. Les enfants ont broyé du noir tout l'été. Ce n'est simplement plus pareil." Sa voix se brisa dans sa gorge.

D'accord, c'est réglé. Tu annonces la nouvelle à tout le monde et je vais m'occuper de prendre des billets pour tous. Je te rappelle dans quelques jours."

"Merci, mon chéri, merci. Au revoir."

"Maman semblait soulagée de venir aux États-Unis" dit-il à sa tante et son oncle. "Je ne crois pas qu'elle aime vivre à Summerhill sans Papa. Et peut-être aussi qu'elle s'inquiète pour les enfants même si elle n'en a rien dit."

"Je suis content pour toi," dit Tante Sally. Je parie que ton oncle pourra t'aider à prendre les billets pour qu'ils viennent en bateau.

"Bien sûr, bien sûr," dit Ed. "Voyons voir. Tu veux qu'ils soient là pour le premier Septembre? Je vais me renseigner demain et je t'en reparle."

"Parfait. Et merci à vous deux. Je sais que je serai heureux s'ils sont plus près de moi. Je me sens encore responsable et je m'inquiète pour eux."

La dernière semaine d'Août arriva très vite. Enfin,la famille était prête. Ils embarquèrent sur le *SS Prince George.* Les billets coûtaient dix dollars chaque et ils purent apporter avec eux plusieurs caisses contenant leurs effets personnels, de même quelques meubles. Cependant, le temps était froid et pluvieux et la Baie de Fundy extrêmement houleuse. Beaucoup de passagers eurent le mal de mer et avaient mauvaise mine quand ils arrivèrent enfin à Boston et passèrent les formalités d'immigration. Mais une fois sur la terre ferme, ils se sentirent mieux. Le premier à descendre fut Allan qui se jeta littéralement dans les bras de son frère.

"Bienvenue aux États-Unis," dit Ted en le serrant très fort.

"On a tous été malades. Je ne savais pas si j'allais m'en sortir. Tu devrais voir tout le stock qu'on a apporté avec nous…des valises, deux malles et même des meubles."

Ted sourit. Il ressemblait à Caroline qui essayait toujours de tout dire en une seule phrase. Il l'étreignit de nouveau. Je suis content que tu sois là. Je suis content que vous soyez tous là, enfin. Regardes-toi Caroline. Oh par exemple! Tu es devenue une jolie jeune femme. Et Jerry, je crois que tu es plus grand que moi. Comment est-ce possible? Il s'apprêtait à embrasser Jerry, mais à la place, il serra la main qu'il lui tendait."

"Maman, je suis si heureux de te voir. Il l'enlaça longtemps et très fort puis regarda autour de lui. Où est Grand-maman? A ce moment-là, Grand-maman apparut tenant Charles et Elizabeth par la main. "Je ne peux pas le croire. Vous avez tous tellement grandi."

Il souleva Charles. Elizabeth vint vers lui en courant. "Moi aussi," dit-elle tandis que Ted se penchait pour la prendre avec son autre bras. "Bienvenue aux Etats. Vous ne pouvez pas savoir combien je suis content de vous voir. Il n'y a rien de mieux qu'une famille rassemblée."

Epilogue

Trente minutes après l'explosion du 6 Décembre 1917 à Halifax, les équipes de recherche et de secours étaient organisées et mises au travail sur les décombres à sortir les morts et les blessés. A quatre heures cet après-midi là, la caserne des pompiers de la ville avait le contrôle de l'incendie du bateau, et seulement douze heures plus tard, la plupart des feux étaient maîtrisés excepté pour quelques endroits isolés et zones circonscrites, mais les débris continuèrent de fumer pendant des jours.

Il y eut environ 1963 morts
9000 blessés dont 199 rendus aveugles
1600 bâtiments détruits
12000 très endommagés
35 millions de dollars en perte de propriétés
2600 tonnes d'explosifs en furent la cause

Il y eut tellement de patients admis à l'hôpital Général Victoria qu'on en perdit le décompte. Dans leur grande panique, les gens de Halifax abandonnèrent leurs maisons et leurs magasins. Ils les laissèrent sans surveillance et non verrouillés. En un rien de temps, les pillards furent à l'oeuvre, à fouiller les décombres et dévaliser les cadavres.

La tâche la plus urgente fut d'apporter de l'aide aux blessés, des abris aux sinistrés, et de la nourriture à ceux qui avaient faim. Des dons en argent et des secours parvinrent en abondance, non seulement du Canada, mais aussi de partout dans le monde.

La Nouvelle Zélande fit un don de $50,000
L'Australie envoya $250,000
Londres ouvrit un fond qui clôtura à $600,000

La générosité de plusieurs pays fut grande, mais ce fut des États-Unis que la première et la plus efficace assistance arriva. A neuf heures du soir le Jeudi, un train spécial arriva de Boston avec une grande quantité de matériel médical, suivi d'un second train le jour suivant avec des docteurs, des infirmiers et des aides infirmiers, en plus d'apporter de l'équipement pour un hôpital de 500 lits.

Un train arriva aussi de New York plusieurs jours après, chargé de lits de camp, de vêtements, de couvertures et de caisses de désinfectant.

L'aide arriva de partout des États-Unis par transport ferroviaire et maritime. L'ensemble du montant de toutes les contributions atteignit $30,000,000.

La ville de New York tint une journée spéciale de levée de fond pour l'aide à Halifax, qui rapporta $75,000.

Chicago envoya $130,000.

Boston envoya un paquebot avec des provisions estimées à $150,000.

Les gens de Halifax n'ont jamais oublié cette aide spontanée et si généreuse. En remerciement, chaque année, un énorme arbre de Noël est envoyé à Boston, le premier à être illuminé pour la saison des fêtes.

Quand à la famille O'Neill, ils s'installèrent au Massassuchets. Assister à l'illumination de cet arbre est resté jusqu'à présent une tradition pour les O'Neill, une célébration de leur ancienne et de leur nouvelle vie.

Une fois que les enfants furent inscrits à l'école, Martha trouva un travail comme infirmière d'école pendant que Grand-maman tenait la maison.

Après sa graduation à l'école secondaire, Caroline obtint une bourse à l'école des lettres du Massassuchets et plus tard, elle enseigna dans les écoles publiques. Allan suivit une formation avec Ted et développa une grande habileté pour la création de bijoux. Charles, lui aussi un artiste, gagna plusieurs prix pour ses peintures et devint plus tard un artiste commercial en Californie. Elizabeth étudia le ballet mais choisit de se marier et d'élever une famille plutôt que la carrière.

Ted eut du succès comme bijoutier et horloger, puis ouvrit finalement un deuxième magasin qui fut tenu par son frère Allan. Ted épousa Anna et ils eurent ensemble sept enfants.

Ce roman est un hommage à mon père, Ted O'Neill, un homme gentil et généreux. Ma famille, comme tant d'autres, survécut et traversa ces épreuves.

C'était une question de temps.

TIME

Time, where does it go
Does anyone know
Does it fly away on gossamer wings
Is it disguised as a bird that sings

Does anyone know
How does it flow
Is it disguised as a bird that sings
It could be any one of these things

How does it flow
I really don't know
It could be any one of these things
Does it sound like a bell that gongs or rings

I really don't know
It doesn't show
Does it sound like a bell that gongs or rings
Or is it soft like a flowing spring

It doesn't show
Does it fly away on gossamer wings
Or is it soft like a flowing spring
Time, where does it go

A pantoum by Diane O'Neill DesRochers

Poême original de l'auteur

LaVergne, TN USA
31 March 2010
177696LV00002B/5/P